本书是河南省高校科技创新人才（人文社科类）支持计划（2018-CX-001）、“河南省教育厅哲学社会科学基础研究重大项目”（2018-JCZD-014）、“河南省高等学校哲学社会科学创新团队支持计划”（2017-CXTD-03）系列研究成果，专著出版得到了上述基金资助。

腾挪太极拳典藏

申国卿　裴彩利　程高芳　著

人民体育出版社

前　言

“文化是民族的血脉，是人民的精神家园。传承发展优秀传统文化，对于增强文化自信、建设文化强国具有重大意义”。在中华民族伟大复兴的当今时代，这一观念正在日益深入人心，唤起人们对于中华传统文化无比荣光的时空记忆，激扬人们对于中华传统文化历久弥新的生命礼赞，生发出人们对于中华传统文化深感自豪、倍感珍惜的文化自信力量。

在中华民族传统文化大观园中，太极拳是一朵公认的奇葩。经过长期的传承发展，太极拳早已形成了流派众多、各具风采的不同支系。在当今流传较为广泛的陈、杨、武、吴、孙等诸家流派之外，同时还有一些经典的太极拳类别卓然挺立、风骨岸然，一如既往地演绎着中华太极拳文化的清新气质与瑰丽画卷。腾挪太极拳便是这类优秀太极拳流派之一。

腾挪太极拳是一代宗师李作智以陈清平太极拳法为基础，终其一生对武术的体认，融合同时期多种武技精华创编而成的一种独特的太极拳法。该拳尤重下盘功夫，强调步法灵动、拳走“矮桩”，双手并重，螺旋起伏。其步法方面的腾空挪步，身法和技击的腾挪空间，大身法和高层次锻炼的闪展腾挪，欲动未动、将展未展的意念腾挪，领落开合、螺旋起伏的气势腾挪等，不仅皆寓合传统太极拳技理法要，而且体现出了明显别具一格的自身特征。腾挪太极拳拳架古朴，体系完整，动作奔放，特点突出，既是博大精深、内涵丰富的传统太极拳法的活态展现，又是百花齐放、流派纷呈的太极拳体系的生动演绎。腾挪太极拳关于“腾挪”方面的技术体现和理论内涵，某种程度上亦显著地表征着一种较为鲜明的传统太极拳技理创新特色，这一特质，对于我们从当代视角审视太极拳乃至中国武术发展极具研究价值与启迪意义。

腾挪太极拳在清末民初曾盛极一时，创始人李作智名动江湖，传人众多，武功传奇，富有魅力。憾以种种原因，相关史料与文献却遗存不丰，当代《腾挪太极拳》专著、文章等亦十分匮乏。这种现象与当代中华伟大复兴盛景以及中原文化强省战略不相称。

中原大地是享誉世界的华夏文化摇篮，传统武术沃土，中华太极圣地。以太极拳文化品牌等为特色抓手，精心挖掘包括腾挪太极拳等在内的中原武术文化底蕴，深入研究以腾挪太极拳等为标志的中原武术文化现象，全面总结包括腾挪太极拳等在内的中原武术文化发展经验，辩证审视以腾挪太极拳等为标志的中原武术文化传承轨迹与历史生态，不仅是科学指导当代中原武术发展的现实所需，而且是梳理中原历史文化脉络、弘扬中原文化精神、提升中原文化软实力、推进当代中原崛起战略的时代要求。由此而言，对于腾挪太极拳等传统武术知名流派的研究，其实已经大大超越了一般意义上的武术拳种探研。在当代中华文化大发展的宏观壮景之下，包括腾挪太极拳等在内的太极拳文化研究持续展开并逐步深入的系列努力，自然彰显着当代中原大地提炼文化经典、汲取文化精神、践行文化自觉、激扬文化自信的上下求索、与时俱进。

包括腾挪太极拳等在内的各太极拳流派至今依然繁衍不息，是众多太极拳人薪火相传的心血结晶。历代太极拳家以及太极拳爱好者的潜心专研与传承接力，构成了太极拳卓然屹立的历史根基，也是中华太极文化源远流长的珍贵财富。回首远去时空中闪耀的一颗颗太极拳传人之星，注目无数先贤流传至今的一篇篇太极拳理技精髓，那种深入华夏子孙血脉的厚重历史感与文化自信心不禁油然而生，跃动眼前，催人精神，焕然一新。由是，以此致意，本书名为“典藏”。

著者

2017年12月30日

目　录

第一章　话说腾挪太极拳

腾挪太极拳是一代宗师李作智（1844—1914年）在师傅陈清平所传太极拳的基础上，遍访名师高手，结合自己多年习武对阵的心得体会，在19世纪末创编的技重下盘功夫，强调双手并重，步法更加灵活，身形起伏幅度较大，锻炼方法多变的太极拳套路。腾挪太极拳拳架朴实，动作奔放，体系完整，文化底蕴深厚，是一个风格独特的太极拳拳种。

腾挪太极拳宗师李作智

第一节 “腾挪太极拳”名称的由来

腾挪太极拳在起初并非就是如此称呼，而是依据其外形特征、技术要领、技击特点，以及地域、习惯等有多个名称。一是因其在外形上以低架为主，而被称为“矮桩架”，同时根据该拳在行功走架中出腿时小腿要贴近地面，如同趺岔一般，两臂如同在肩膀上拖着一般，而被称为“衩拖架”。二是因其技重下盘功夫，而被称为“大功架”“筑基架”。三是因其“腾空挪步”的技术要领，“腾开位置、挪出空间”的技击要求，以及在高层次演练时所表现出的“穿蹦跳跃、腾挪闪展”的特征，而被称为“腾挪架”。四是有人因其创始人姓李，而被称为“李氏太极拳”或“李作智太极拳”。五是因为地域和习惯，由于太极拳在河南省博爱县过去习惯上称为“软十三”，所以也称其为“软十三”。总之，一百多年来，不但没有一个统一的名称，反而名称繁多，不一而足。

腾挪太极拳在清末民初曾盛极一时，在当地流传较广，传人众多。因各传人对拳架称谓不同，直到21世纪初也没有一个统一的、大家都认可的名称，直接影响了它的传承与发展，逐步变得不为人知，成为秘传于民间的珍稀拳种。在国内的一些传统武术比赛中，常以“其他太极拳”的名称出现，各书刊也鲜有介绍，甚至有人在杂志上发文称“李作智太极拳”已经“失传”。

21世纪初，随着全民健身活动的蓬勃开展，各种流派的太极拳传人开始在社会各界广泛传播、推广太极拳，腾挪太极拳的传人也开始在社会上教授腾挪太极拳，由于名称不一，有些名称晦涩难懂，直接影响了腾挪太极拳的传播与发展。

正是由于这些原因，腾挪太极拳的传人们开始商讨拳架的名称问题，在讨论中，大家认为“筑基架”“大功架”“矮桩架”“衩拖架”，特别是“衩拖架”，虽然在一定程度上反映了拳架在低架锻炼阶段的特征，但并未反映出拳架高层次锻炼阶段的特征。“李氏太极拳”虽然与当前以姓氏命名的太极拳相适应，但社会上已经有李氏太极拳的流派名称，容易使人误解。最后，大家普遍认为“腾挪架”的“腾挪”二字寓意深刻，它不仅反映低架锻炼阶段“腾空挪步”的技术要领，也反映高层次锻炼阶段“腾挪闪展”的拳架特征，同时反映技击上“腾开位置，挪出空间”的要求，这样“腾挪架太极拳”或“太极拳腾挪架”逐渐成为大家认可的拳架名称。

2008年，博爱县的传人率先成立“博爱县腾挪架太极拳研究会”，并注册设立了“腾挪太极网”，开始通过社会和媒体宣传腾挪太极拳。2011年春节期间，“温县太极拳腾挪架研究会”成立，在随后的春节联谊会上，博爱县、温县的传人再次就拳架名称进行讨论，最后大家同意将拳架名称确定为“腾挪太极拳”。至此，自李作智先师创拳一百多年来，拳架名称最终得到统一。2011年，在焦作市委宣传部、焦作市文联编著出版的《神秀焦作·太极拳卷》中，腾挪太极拳作为一个流派被收录其中，成为官方正式认可的太极拳流派之一。

所以，腾挪是贯穿在腾挪太极拳内部的本质性的东西，我们今天把拳架名称统一为“腾挪太极拳”，是心灵上的共鸣，虽然穿越了一百多年的时空，但当你精心演练、仔细揣摩它的时候，腾挪的涵义就会浮现在你的脑海里，体现在你的拳架上和你的身法、手法、步法当中。

第二节　“腾挪”的太极含义

腾挪太极拳以“腾挪”加注定语，说明“腾挪”在腾挪太极拳中的特殊内涵和作用。在大多数人的眼里，腾挪往往与闪展腾挪画等号，这种说法有其合理性，因为在不同流派的太极拳中，不仅有如闪通背、玉女穿梭等闪展腾挪的动作，还有围绕闪展腾挪编排的套路。

但在腾挪太极拳中，腾挪的涵义要丰富得多。它可以表现为步法、手法、身法、内气运动和技击特点，至少可以从五个方面来讨论。

一是步法上的腾空挪步。“腾”为向上运动，“挪”为水平运动。腾挪太极拳的出腿与换步比较特殊，与众不同，如果我们出左腿，右腿先要在身体的引领下向上提起，随即落下，在这一提一落中，重心已从左腿转换至右腿，左腿在右腿落地的瞬间向左前方擦地而出。出右腿也一样。在动作娴熟后，向上的腿可以在意念引领下不必完全提起，只要脚跟稍领起，能转换重心即可，这样速度更快，拳架更有气势。

二是身法和技击上的腾开位置，挪出空间。这既是一种身法，又是技击上的一大特点。具体方法是：在捋法上的双手基本上是贴着身体向下、往内捋。在捋的同时胯内收、腹内含，在胸、腹之间形成一个较大的空间，以便将对方引进，然后或击或拿，全凭自己安排。这种战术类似于伏击战，就是预设好包围圈，然后把敌人引到圈内，围而歼之。

三是大身法和高层次锻炼上的闪展腾挪。大身法一般如转换走化、大捋、辗转反侧等，这类动作都具有闪展腾挪的特征。腾挪太极拳大起大落、大开大合，基本上每个动作都是大身法运动。同时在演练中，拳架可高可低、可快可慢、可大可小，并要求随着功夫的增长，逐步增加身法、步法，一改低架、松沉的演练风格，逐步形成身若游龙，穿蹦跳跃，一式三、五步，一动二、三式的闪展腾挪的风格。

四是欲动未动、将展未展，意念上的腾挪。腾挪太极拳的手法是竖掌、立掌，在运动过程中既不完全向外，也不完全向内，而是处于半阴半阳、亦阴亦阳的蓄势待发状态。这种手法只要意念一动，翻手即可击人，欲动未动、将展未展的态势就是意念上的腾挪。

五是领落开合、螺旋起伏，气势上的腾挪。气势是指内气运动的趋势，气要领得起，落得下，进退、反侧随势而动，领落、开合循技而用，不以虚而无，不以实而煞，是气势腾挪。气势腾挪是学习太极拳的一个境界，相比之下学习腾挪太极拳更容易达到这个目标，这是因为腾挪太极拳高低起伏，连绵不断，每个动作都在一个或数个“领落开合、螺旋起伏”中完成，不仅在外观上有气势，同时容易带动内气的上下运动，使学拳者能够较快地达到气势腾挪的境界，这也是腾挪太极拳之所以用“腾挪”命名的内在原因。

“腾挪” 意象

第三节　“衩拖架”的地位与作用

“衩拖架”是腾挪太极拳武学体系中的基础套路，因其拳架套路姿势较低，所以也称“矮桩架”。其实“衩拖架”的真实涵义是：出腿时小腿贴近地面，如同趺岔一般；两臂在运动过程中，如同拖在俩肩之上，这样有利于肢体的放松和整体的松沉。这两个要求是“衩拖架”的重要技术要领，也是“衩拖架”名称的来源。

学习“衩拖架”的主要目的是锻炼下盘功夫，是为学习腾挪太极拳的其他套路打基础，所以“衩拖架”也称为“大功架”“筑基架”。由于“衩拖架”在作为功夫锻炼方面效果突出，很多拳师终生演练和传授这套拳架，以至于很多人以为腾挪太极拳只有一套拳架，这也是为什么说“腾挪太极拳技重下盘功夫”，是“看家架”的原因。

既然“衩拖架”是“筑基架”，就必然还有其他套路。与其他流派的太极拳不一样的是，腾挪太极拳的其他套路是在“衩拖架”的基础上衍生出来的，分别叫“软十三”和“超越架”。“衩拖架”“软十三”和“超越架”共同构成了腾挪太极拳的武学体系，有趣的是它们有相同的招式套路名称，同为七十二式，但在风格上却迥然不同，如果不是对腾挪太极拳有深入研究的人，会误以为是三个不同的拳种。按说动作不同，套路名称也应不同，分析原因，可能是当时没有深刻总结罢了。

不过流传于陕西省咸阳一带的“李作治”太极拳，有三套分别称为“大功架”“小功架”和“发功架”拳架套路，他们的动作和套路名称就有所不同，每套拳都有完整的套路名称。还有的不同是他们把这三套拳架都称为“衩托架”。把李作智称为“李作治”，把“衩拖架”称为“衩托架”，可能是读音上的不同，不影响拳架的同一性。

“软十三”是太极拳的早期名称，也叫“十三式软手”“拳术十三式身法”。在博爱县发现过多种不同版本的“软十三”拳谱，也有人演练“软十三”。笔者就曾发现过抄写于20世纪70年代的“软十三”拳谱，对照于现代的太极拳拳谱，有大同小异之处。这里说的“软十三”，是腾挪太极拳的轻灵演练方法，是在“衩拖架”的基础上适当升高体位，适当增加步法，由低架松沉的演练方法转为高架轻灵的演练方法。与博爱县现在还在演练的“软十三”对比的话，也有很多相似之处。

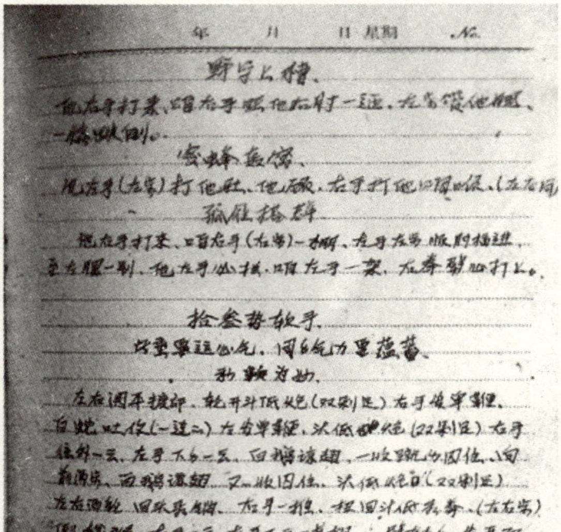

“十三式软手”部分手抄稿

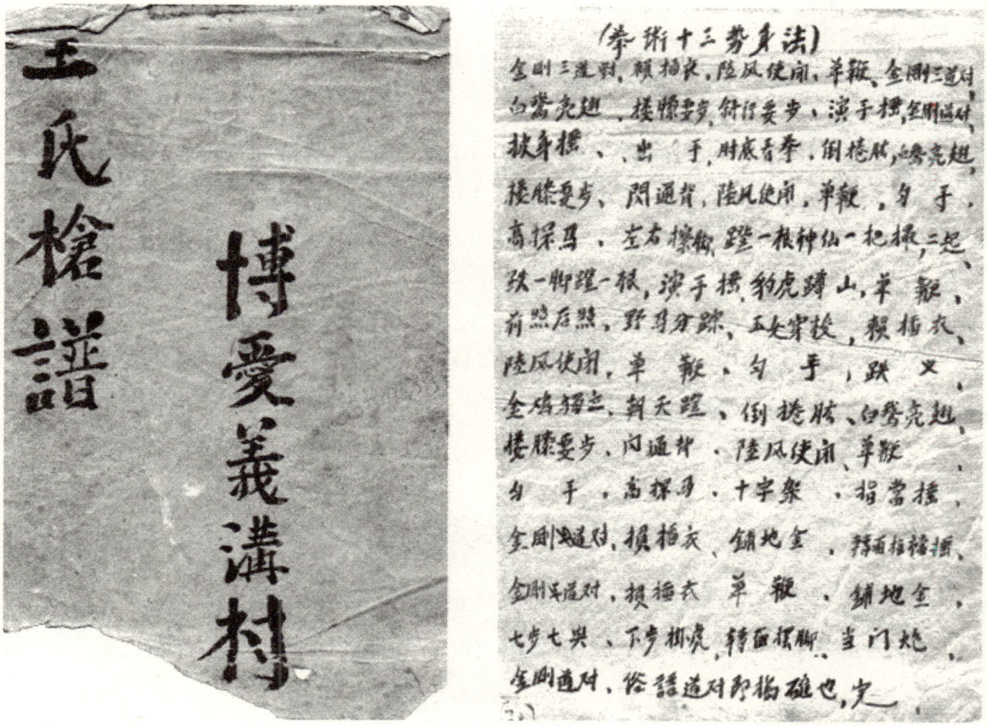
王氏槍譜

博愛義溝村

(拳術十三勢身法)

金刚三捣对、顺摇衣、陆风使闭、单鞭、金刚三捣对、
白鹅亮翅、搂膝拗步、斜行拗步、演手捶、金刚捣对、
披身捶、出手、肘底看拳、倒捲肱、白鹅亮翅、
搂膝拗步、閃通背、陆风使闭、单鞭、勾手、
高探马、左右擦脚、蹬一根、神仙一把抓、二起
跌一脚蹬一根、演手捶、豹虎推山、单鞭、
前照后照、野马分鬃、玉女穿梭、顺摇衣、
陆风使闭、单鞭、勾手、跌叉、
金鸡独立、朝天蹬、倒捲肱、白鹅亮翅、
搂膝拗步、闪通背、陆风使闭、单鞭、
勾手、高探马、十字架、指裆捶、
金刚捣对、顺摇衣、铺地金、转面摆摇脚、
金刚捣对、顺摇衣、单鞭、铺地金、
七步七星、下步跨虎、转面摆脚、当门炮、
金刚捣对、俗語捣对即指碓也、完

《王氏枪谱》中的“拳术十三式身法”

“超越架”是腾挪太极拳锻炼发劲的套路，其名称来源于《腾挪拳谱》中的首句“腾挪太极超越架”，说得直白一点，就是“腾挪太极拳中的超越架”。“超越”就是要突破原有招式的动作要领和技击内涵，促进整体功力水平的提高。它是在“衩拖架”和“软十三”都有一定功夫的基础上，继续增加步法，特别是跳步和跃步，是进一步提高功夫和技能的拳架套路。它在风格上“穿蹦跳跃，闪展腾挪”，技术上要求“一式三、五步，一动二、三式”。

由于“衩拖架”在腾挪太极拳武学体系中独特的地位和作用，所以很多老拳师终生演练和传授此架，“衩拖架”也成为腾挪太极拳的代表性拳种。在之后的论述中，如果没有特殊的说明，一般以“衩拖架”为对象展开研究。

第二章　腾挪太极拳的风格特征

与其他流派相比，腾挪太极拳有着自身较为鲜明的风格与特征。这些鲜明的风格与特征，也使得腾挪太极拳在太极拳流派中自成一家，独树一帜。

第一节　腾挪太极拳的武学风格特征

腾挪太极拳的总体风格从其名称中已经一目了然，其“衩拖架”“软十三”和“超越架”又具有各自的风格特征。

一、“衩拖架”的风格特征

拳架较低，大开大合，起伏连绵，风格上如同大海之浪，连绵不断，目的是锻炼松沉和下盘功夫。

“衩拖架”以松沉锻炼为主，身桩下扎，拳走低架；领落开合，螺旋起伏；欲动未动，将展未展；腾开位置，挪出空间；五趾抓地，落地生根。整个套路演练时间控制在8～10分钟。如果用时过短，动作细节容易滑过；如果用时过长，动作外形易显呆滞。

二、“软十三”的风格特征

拳架较高，动作紧凑，风格上轻灵圆活，舒展大方，如行云流水，目的是由低架的松沉锻炼向轻灵锻炼转移。

“软十三”以轻灵锻炼为主，轻灵圆活，在“衩拖架”的基础上适当增加步法，做到进步必跟，退步必撤。整个套路演练时间控制在6～7分钟。

三、“超越架”的风格特征

穿蹦跳跃，闪展腾挪，身法与步法多变，强调双手并重，注重平衡锻炼，左右对称动作较多，目的是提高学拳者的功夫和整体水平。

“超越架”以提高整体功力水平为目的，继续增加步法，特别是跳步和跃步，身法上穿蹦跳跃，步法上蹬踢踹踩，手法上拳掌勾抓，动作上“一式三、五步，一动二、三式”，根据自身特点增加发劲动作。整个套路在时间上控制在六分钟左右。

第二节　腾挪太极拳的文化艺术风格特征

腾挪太极拳在文化和艺术方面有大起大落、大开大合、韵律突出、奔放豪迈的风格，包含了以下几个方面的特征。

一、低架见长，极重下盘功夫

太极拳重下不重上，说的是下盘功夫锻炼比上盘功夫锻炼更为重要。腾挪太极拳可以说是重视下盘功夫锻炼的典范，它所要求的“身桩下扎，拳走低架；领落开合，螺旋起伏；落地生根，五趾抓地”的特殊要领，无一不是为了锻炼下盘功夫而设定的。前辈拳师们为了锻炼出过硬的下盘功夫，经常钻在八仙桌子下面，在低矮的空间里反复演练一些特定的、侧重下盘功夫锻炼的招式动作，日积月累不仅下盘功夫过硬，而且内气也非常充足。传说腾挪太极拳第二代传人王明槐能坐在椅子上，用脚尖将来袭者挑起来扔出去；能用摇头的方法，将开玩笑拧他耳朵的人摔出去。赵振绪能将百十斤重的打铁砧子轻轻地踢出去。这些例子说明在重视下盘功夫锻炼的同时，也练出了内功。现实情况也确实如此，不过我辈传人受时代的影响，多以锻炼身体为目的，仅以练拳为主，没有前辈的执着精神，但随着拳龄的增长，明显感到小腹充实，腿部有力，内气增长，下盘锻炼的效果非常明显。

二、正反兼练，促进人体左右平衡发展

大部分人的生理特征是右手比左手更灵活，与人对阵时除了左撇子外，都是喜欢右手在前，所以在冷兵器时代，武术套路和器械编排都是以右手为主导手，太极拳也同样如此。

在介绍腾挪太极拳的相关书籍和刊物中，往往都会提到“强调双手并重”，也有资料称作是“双手并用”。这里的“双手并重”不是演练过程中应当避免的“双重”现象，而是腾挪太极拳的特殊锻炼方法。就是在用右手为主导手演练熟悉后，再用左手为主导手进行演练，正反兼练，从而达到促进人体左右平衡发展的目的。左右手同时锻炼，能在推手、技击中占得先机，是值得提倡的锻炼方法。为此，笔者专门写有《论腾挪太极拳的“双手并重”》一文，加以全面论述。

强调“双手并重”，左右手平衡锻炼是腾挪太极拳先宗师李作智的发明创造，不仅要求我们学习这套拳时要左右练习，而且从技击角度出发，编创了一套称之为“超越架”或“发功架”的拳法，这套拳法在动作编排上兼顾左右，招式动作以左右势成双成对地出现，在迎敌对阵上非常适用便捷。宗师李作智还编创了一套同时兼顾两手的“两步半”推手，这套推手以四正为主，四隅为辅，非常适合左右手同时锻炼。拳架套路和推手兼顾左右两手，从而在体系上完善了左右手平衡锻炼的方法、目的和效果。

三、起伏连绵，节奏明显，韵律突出

这是腾挪太极拳区别于其他太极拳的最主要特征，其他流派的太极拳在起势动作结束后，它的高度就是整个拳架套路的高度，套路中虽然也有领落、起伏的动作，但在幅度上都无法与腾挪太极拳相比。腾挪太极拳高低起伏、大开大合，“领落开合，螺旋起伏”，不仅表现在形态上，更反映在气势上。在形态上快慢相间、蓄发相变、起伏连绵的动作外形，如同大海之浪，不息不竭。在气势上又如滚滚向前的波涛，有无坚不摧的力量。正因为腾挪太极拳有此磅礴气势，所以在同一个场所演练时，腾挪太极拳更容易引起人们的注意。

起伏连绵的特征使得腾挪太极拳节奏突出、韵律明显，艺术魅力非常突出。腾挪太极拳在其蓄发相变、快慢相间、大开大合和高低起伏的演练过程中，如同演奏一部高低音节奏明显的交响曲，时而高亢奔放，时而低沉委婉，时而鼓号轰鸣，时而管弦悠扬，令观赏者陶醉，使演练者忘我。这种艺术效果无疑来自腾挪太极拳本身深厚的文化底蕴和艺术魅力，这就是在同一个场所演练时，腾挪太极拳更容易引起人们的注意的内在原因。

第三章　腾挪太极拳的武学体系

腾挪太极拳的武学体系主要包括拳法体系、功法体系、技法体系、劲法体系等方面的内容，不包含器械。

第一节　腾挪太极拳的拳法体系

腾挪太极拳的拳法体系由七十二式和三十六式组成。七十二式有“衩拖架”“软十三”和“超越架”三种风格完全不同的演练方法。

七十二式就是我们所说的“腾挪太极拳”，在李作智脉系太极拳中居于核心地位，它与一百零八式单元手和三十六式的关系是：一百零八式单元手是七十二式在技击运用方面的细化，如七十二式的“金刚捣碓”就可细化为“起势、青龙出水、黑虎掏心、冲天炮、金刚捣碓”五个动作，还有资料介绍说能进一步细化为“三百六十单元手”，但是已经失传，实在是可惜！三十六式为七十二式的简化套路，可视为腾挪太极拳的入门套路，它既保留了腾挪太极拳的传统要领，又摈除了复杂的穿、蹦、跳、跃动作，非常适合初学者学习。在文化生活多元化，以健身、娱乐为目的的今天，简化易学的套路更有推广性、表演性，更能得到不同需求人群的欢迎，这对推广、保护腾挪太极拳，扩大习练者队伍有很大的促进和帮助作用。

和其他太极拳一样，与套路锻炼相匹配的还有太极剑、太极单刀、齐眉棍、春秋大刀等器械，本文仅点到为止，不作具体介绍。

七十二式腾挪太极拳套路名称为：

金刚捣碓，懒扎衣，白鹅亮翅，单鞭，金刚捣碓，白鹅亮翅，斜行，饿虎扑食，顺手牵羊，腰腮掌，转身斜行，饿虎扑食，顺手牵羊，腰腮掌，金刚捣碓，披身捶，掩手捶，肘底看捶，倒撵猴，白鹅亮翅，斜行，饿虎扑食，顺手牵羊，闪通背，白鹅亮翅，单鞭，云手，高探马，左右白蛇吐信，左右拍脚，对心捶，左蹬跟，腰腮捶，栽地捶，踢二起，分门桩，搂膝抱跟，右蹬跟，跌脚掩手捶，暴虎推山，白鹅亮翅，单鞭，前招后招，野马分鬃，玉女穿梭，白鹅亮翅，单鞭，云手，跌岔，左右金鸡独立，倒撵猴，白鹅亮翅，斜行，饿虎扑食，顺手牵羊，闪通背，白鹅亮翅，单鞭，云手，侧身高探马，单摆莲，指裆捶，金刚捣碓，懒扎衣，右扎七星，沉肘束肋，白鹅亮翅，单鞭，左扎七星，单双跨虎，转身双摆莲，金刚捣碓。

三十六式腾挪太极拳套路名称为：

起势，金刚捣碓，懒扎衣，白鹅亮翅，单鞭，金刚捣碓，白鹅亮翅，斜行，饿虎扑食，顺手牵羊，腰腮掌，金刚捣碓，披身捶，掩手捶，肘底看捶，倒撵猴，白鹅亮翅，斜行，饿虎扑食，顺手牵羊，闪通背，白鹅亮翅，单鞭，前招后招，跨虎，野马分鬃，高探马，白蛇吐信，转身懒扎衣，白鹅亮翅，单鞭，云手，高探马，十字摆莲，金刚捣碓，收势。

在流传于陕西省咸阳一带的“李作治太极拳”中，也有相应的“大功架”“小功架”“发功架”三套拳架套路，不过他们的每套拳都有完整的套路名称。不同的是他们把这三套拳架都称为“衩托架”。

赵堡太极拳李作治脉系
拳法阐秘

腾挪太极拳法阐秘

把李作智称为“李作治”，把“衩拖架”称为“衩托架”，这可能是读音上的差别，不影响拳种的同一性。为了保存历史资料，现将林泉宝、张长林、张顺林三人发表在2006年第10期《武当》杂志上的“赵堡太极拳李作治脉系拳法阐秘”中的导语部分，以及三套拳架的套路名称摘录于此，以供参考。

附录：赵堡太极拳李作治脉系拳法阐秘

本来并没有什么李氏太极拳之说，只因李作治是赵堡太极拳第七代宗师陈清平的弟子，首创赵堡太极拳“衩托架”，为与其他赵堡太极拳架式区别，故以李氏代之。

赵堡李氏太极拳共有三套，第一套是大功架，实际上是基础架，适于养生健体，又曰“筑基”；第二套是“小功架”，是李氏太极拳的“劲架”；第三套李氏发功架，又曰“功子架”。大功架是练内修炼的基础架，架子舒展而开圆，以螺旋的“丝扣劲”贯穿整体动作，“以裆带手”，以裆的运作带动身法、手法、腿法，带动四大节、八小节。小功架是融太极拳独有的劲法，如浑厚的滚珠劲，非常特殊的转环劲、丝扣劲，还有变化多端的折叠劲于一体，练几遍架子下来，就能感觉到丹田的发动。发功架是一种技用结合的内功套路，但需要有练“大功架”与“小功架”的基础，没有前两套功夫的铺垫，不能练功子架。

一、大功架套路名称

包括起势与收势动作在内，大功架套路共有九十二式，各势动作相应名称如下所示：

1. 预备式，2. 金刚上势，3. 金刚捶，4. 揽擦衣，5. 白鹤亮翅，6. 单鞭，7. 铺地锦，8. 金刚捶，9. 右收，10. 左右上势，11. 左搂膝侧跨，12. 左收，13. 右左上势，14. 右搂膝侧跨，15. 右下按，16. 左下按，17. 掩手肱捶，18. 回身金刚，19. 倒设碑，20. 左右跨腿，21. 打虎，22. 擒拿手，23. 上步边拦，24. 肘底藏拳，25. 倒卷肱，26. 右下势，27. 左闪通臂，28. 右下右上势，29. 左接手缠，30. 右接手缠，31. 右单鞭，32. 左压肘，33. 上步右插脚，34. 落步左插脚，35. 回身蹬一脚，36. 落步十字捶，37. 击地捶，38. 翻身开花捶，39. 二起脚，40. 护心捶，41. 抱脚，42. 右蹬脚，43. 上步掩手捶，44. 上步踩腿，45. 绽步按掌，46. 抱头推山，47. 单鞭，48. 前后招，49. 野马分鬃，50. 左下左上势，51. 左逆环掌，52. 右捋右按势，53. 云手，54. 玉女穿梭，55. 揽擦衣，56. 白鹤亮翅，57. 单鞭，58. 云手，59. 右摆脚，60. 跌岔，61. 右金鸡独立，62. 左金鸡独立，63. 倒卷肱，64. 右下势，65. 右闪通背，66. 右下右上势，67. 右逆环掌，68. 单鞭，69. 云手，70. 退步压肘，71. 上步按掌，72. 操手摆脚，73. 转身迎石捶，74. 侧身上势，75. 白鹤亮翅，76. 单鞭，77. 右反掌，78. 擒拿手，79. 下腰肘，80. 左迎上步捶，81. 右迎急步捶，82. 白鹤亮翅，83. 单鞭，84. 左反掌，85. 擒拿手，86. 并步十字手，87. 跨虎，88. 转身双摆莲，89. 射虎，90. 四正手，91. 金刚捶，92. 退步还原。

二、小功架套路名称

包括起势与收势动作在内，小功架套路共有一百零二式，相应名称如下所示：

1. 预备势，2. 马步双扎跪，3. 右上势，4. 四正势，5. 金刚捶，6. 揽擦衣，7. 白鹤亮翅，8. 单鞭，9. 四正势，10. 金刚捶，11. 白鹤亮翅，12. 右斜行，13. 琵琶势，14. 跃步，15. 中按，16. 琵琶势，17. 跃步，18. 中按，19. 倒设碑，20. 擒拿手，21. 肘底藏拳，22. 上步边拦，23. 左肘底藏拳，24. 右捋手，25. 右肘底藏拳，26. 倒卷肱，27. 白鹤亮翅，28. 左斜行，29. 左闪通背，30. 右上势，31. 右捋手，32. 左上势，33. 白鹤亮翅，34. 左单鞭，35云手，36. 左插脚，37. 左高探马，38. 右插脚，39. 右高探马，40. 左插脚，41. 两风贯耳，42. 左蹬脚，43. 迎门捶，44. 十字手，45. 击地捶，46. 翻身开花捶，47. 二起脚，48. 左分门椿，49. 左卷脚蹬跟，50. 右分门椿，51. 右卷脚等跟，52. 左迎穿腿，53. 右迎坎子腿，54. 左按掌，55. 右按掌，56. 侧身掌，57. 抱头推山，58. 单鞭，59. 前后招，60. 野马分鬃，61. 左捋手，62. 右贴身靠，63. 右单鞭，64. 右外捌紫金掌，65. 玉女穿梭，66. 左捋手，67. 右贴身靠，68. 左单鞭，69. 云手，70. 并掌，71. 缠边，72. 右金鸡独立，73. 左金鸡独立，74. 倒卷肱，75. 白鹤亮翅，76. 右斜行，77. 右闪通背，78. 右上势，79. 白鹤亮翅，80. 单鞭，81. 云手，82. 下步高探，83. 十字单摆，84. 上步高探，85. 指裆捶，86. 四正手，87. 揽擦衣，88. 双环掌，89. 擒拿手，90. 下腰，91. 左迎吊打，92. 右迎急步，93. 单鞭，94. 双环掌，95. 擒拿手，96. 并步十字手，97. 跨虎，98. 转身双摆，99. 射虎，100. 四正手，

101. 金刚，102. 下步还原。

三、发功架套路名称

包括起势与收势动作在内，大功架套路共有七十五式，相应名称如下所示：

1. 预备势，2. 双扎跪，3. 双封手，4. 金鸡上架，5. 下步断肘，6. 顺水推舟，7. 下步断肘，8. 顺水推舟，9. 掤，10. 捋，11. 挤，12. 按，13. 左揽擦衣，14. 右揽擦衣，15. 贴身靠，16. 白鹤亮翅，17. 双锁按，18. 单鞭，19. 右金刚，20. 左金刚，21. 左单扎跪，22. 左单凤朝阳，23. 急进势，24. 左按左捋，25. 右按右捋，26. 左斜行捷取，27. 左摆右抱腿，28. 右斜行捷取，29. 右摆左抱腿，30. 右十字手，31. 左十字手，32. 左外耳门，33. 右外耳门，34. 野马分鬃，35. 回顾二太，36. 野马分鬃，37. 回顾二太，38. 双风贯耳，39. 双风贯耳，40. 回身双风掌，41. 进步双风掌，42. 探马势，43. 双飞脚，44. 探海势，45. 探马势，46. 双飞脚，47. 探海势，48. 声东击西，49. 左迎下步翻海，50. 右迎下步翻海，51. 左侧右转，52. 右侧左转，53. 右向右转，54. 左向左转，55. 回势正转，56. 进身正按，57. 随手进步，58. 随手回肘，59. 下腰势，60. 下腰势，61. 双束带，62，双鲜，63. 击背捶，64. 击背捶，65. 双挎，66. 中按，67. 下按，68. 上按，69. 接手刺，70. 接手刺，71. 接手缠，72. 接手缠，73. 接手挂跪，74. 接手捋旋，75. 下步还原。

第二节 腾挪太极拳的功法体系

桩功是太极拳的重要组成部分，是太极拳功夫水准的基石。腾挪太极拳的功法体系由无极桩、混元桩、反手开合桩、喝气桩等桩功组成。另外，还有“两仪九功”、五行梅花桩、扒墙檐等特殊功法。

功法有动静之分，桩功是以静功为主的功法。其实太极拳本身就是一个功法锻炼的体系，有很多动作可单独拿出来作为动功功法锻炼的方法，如云手、野马分鬃、倒撵猴等。先宗师李作智学拳时，在去老师家的路上一路“野马分鬃”，回来时一路“倒撵猴”，经过这种方法的反复锻炼，打下了坚实的武功基础。还有一些动作可作为桩功使用，就是所谓的“太极十三桩”，就腾挪太极拳来说，按照拳架顺序，分别为第一桩金刚捣碓桩、第二桩懒扎衣桩、第三桩白鹅亮翅桩、第四桩单鞭桩、第五桩斜行桩、第六桩饿虎扑食桩、第七桩顺手牵羊桩、第八桩披身捶桩、第九桩肘底看捶桩、第十桩海底捞针桩、第十一桩金鸡独立桩、第十二桩七星桩、第十三桩跨虎桩。这些桩法可以单独演练，也可以组合演练，桩功锻炼不仅有利于规范拳架动作，促进功力增长，还能起到很好的养生保健作用。

这里值得一提的是金鸡独立桩，它是唯一一个单腿着地的功法锻炼方法。鸡有司晨报晓之灵和争强好胜之性，其站立时安如磐石，稳似泰山；行走时轻巧敏捷，悄无声息；拼搏时喙爪齐进，勇猛善战。鸡好斗灵巧、动静分明的特点，为多家武术门派所借用。练习时两腿交替进行，逐渐增加单腿站立的时间，这种锻炼方法对增强双腿的支撑力、整个身体的平衡性以及肢体的敏锐性都有独特的效果。

笔者在有一年的暑假期间，曾教过一个12岁的少年，该少年在出生时由于医生不慎造成脑部损伤，落下了语言不清、四肢乏力、双手颤抖的后遗症，吃饭时需要家长把饭碗端到桌子上，递上筷子才能行。在吃饭过程中，时不时地把筷子掉到地上，这种现象给生活和学习造成了很大的不利。家长为了恢复孩子的生理机能，曾采用药物、理疗等很多治疗办法，效果都不太明显。听人说太极拳对治疗这种病有帮助，就找到了我，我当时心里也没有把握，是抱着试试看的心态，接受了他父母的邀请，当时我也说了“不要抱过高的期望”等话。由于这个孩子的特殊情况，我就教他把拳架升高后的三十六势简化套路，只求学会，不求规范。这个孩子很聪明，懂得父母的良苦用心，学拳很吃苦。我每天教他一个小时，一个月拳架学完后，我就让他练拳与站金鸡独立桩相结合，开始时两腿交替提起、放下，慢慢增加单腿站立的时间，由开始的交替提放增加到单腿站立一分钟左右，就这样直到暑假结束。

有一天，我问他："跟老师两个多月了，有啥效果没有？"

"吃饭时筷子不掉地上了；两手捧满满的一杯水不再洒了。"孩子说。

"啥，真的吗？"我当时不相信我的耳朵，因为孩子说话不清楚。

"吃饭时筷子不掉地上了；两手捧满满的一杯水不再洒了"，他又重复了一遍。

"噢"，我当时感到很欣慰，"如果是这样，也不枉我教你这么长时间"，接着我又嘱咐他"很快就要开学了，在上学过程中要坚持锻炼，每天练拳不要少于四遍，早晚各两遍。站这个桩要坚持到单腿站立两分钟以上，每天不要少于10分钟，如果你能坚持，效果可能会更好"。

当我再次见到他时，已经是两年以后的事了，虽然他没有完全按我的要求去做，但还是坚持了下来，效果也不错，日常生活能够自理，肢体颤抖的现象明显缓解。从远处看，他走路的姿态很稳定，从近处看，如果他站着不动，看不出他的肢体有颤抖的现象。孩子的父亲对我说：有一次带他去做残疾鉴定，鉴定员叫他"用右手食指，指着鼻子"，他竟然毫不费力就指着了，以至于鉴定员说"他不符合残疾条件"。虽然在家长拿出医学档案后通过了鉴定，但这个例子充分说明金鸡独立桩在脑损伤导致的肢体运动障碍的恢复方面，有明显的辅助治疗作用。

第三节　腾挪太极拳的技法体系

技击、御敌是武术发展、传承的根本，是武术的灵魂所在。武术能在我国历史上发扬光大、异彩纷呈，就是因为它有防身、御敌和健体的功能。随着冷兵器退出历史舞台，武术的健身、娱乐和陶冶情操的功能逐步上升，成为人们生活的一部分。但是，武术的技击内涵仍然是武术传承发展的重要组成部分，仍然是武术专业人士学习、研究的内容，不然武术就会成为舞蹈，失去其本质的东西，就会逐渐地式微、失传，最后消失在历史的长河中。

腾挪太极拳的技法体系由一百零八单元手、五种传统的推手、两步半推手、散手、太极二十四法和七十二擒拿手等组成。

一百零八单元手动作名称为：

起势，青龙出水，黑虎掏心，冲天炮，金刚捣碓，懒扎衣，白鹅亮翅，单鞭，黑虎掏心，冲天炮，金刚捣碓，白鹅亮翅，斜行，饿虎扑食，顺手牵羊，腰腮掌，转身斜行，饿虎扑食，顺手牵羊，腰腮掌，金刚捣碓，扫裆捶，披身捶，抱心捶，肘底看捶，掩手捶，倒撵猴，上步白鹅亮翅，斜行，饿虎扑食，顺手牵羊，海底捞针，闪通背，白鹅亮翅，单鞭，云手，高探马，右白蛇吐信，右擦脚，左白蛇吐信，左擦脚，对心捶，左蹬跟，腰腮捶，扫裆捶，栽地捶，霸王敬酒，踢二起，分门桩，搂膝抱跟，喜鹊登枝，转身对心捶，右蹬跟，回头望月，跌脚掩手捶，回头亮掌，暴虎推山，单鞭，前招后招，野马分鬃，震脚高探马，玉女穿梭，懒扎衣，白鹅亮翅，单鞭，云手，跌岔，左右金鸡独立，双震脚，倒撵猴，转身白鹅亮翅，饿虎扑食，顺手牵羊，海底捞针，闪通背，白鹅亮翅，单鞭，云手，退步高探马，十字摆莲，扫裆捶，指裆捶，青龙出水，黑虎掏心，冲天炮，金刚捣碓，懒扎衣，右铺地锦，右扩七星，沉肘束肋，回头看花指裆捶，白鹅亮翅，单鞭，左铺地锦，左扩七星，沉肘束肋，单跨虎，转身双跨虎，双摆莲，拖地捶，搬弓射虎，当头炮，青龙出水，黑虎掏心，冲天炮，金刚捣碓，收势。

太极二十四法由上盘八法、中盘八法和下盘八法构成。

上盘八法：掤、捋、挤、按、采、挒、肘、靠。

中盘八法：起、落、进、退、腾、闪、圆、转。

下盘八法：缠、跪、挑、撩、劈、逼、挂、蹬。

太极二十四法是基本技法，在熟练掌握后，上盘要结合锁、撅、跌、挫、扣、叠、扯、掷，中盘要结合含、拔、通、挺、环、管、吞、吐，下盘要结合勾、掰、截、点、绷、趾、滚、卷，做进一步的深入练习。

学习太极拳要与推手、散手相结合，拳谱云“散合结合是神功”。推手与二十四法相联系，是学习太极拳的最好方法。

学拳要明技理、懂内涵，勤相问、多交流。仔细研究、领悟每一招式的技击内涵，要拆成件件、连成串串。有资料显示，李作智宗师能在一百零八单元手的基础上，再进一步拆分成“三百六十单元手”，足见腾挪太极拳内涵深刻，引人入胜，鼓舞我们深挖细究、精研多练。

七十二擒拿手目前仅找到部分招式名称，待完备后一并录入。

第四节　腾挪太极拳的劲法体系

腾挪太极拳的劲法体系与其他太极拳一样，分为基本劲法与复合劲法。

基本劲法由掤劲、捋劲，以及由其衍生的“挤、按、采、挒、肘、靠”八种劲法组成。由此来看，八种劲法和上盘八法是一致的，既是技法也是劲法。

复合劲法由领落劲、螺旋劲、折叠劲、开合劲、吞吐劲、滚珠劲、弹抖劲、挫劲等组成。

领落劲是由身体上下运动而产生的劲，如金刚捣碓。

螺旋劲是由肢体螺旋形运动而产生的被放大的劲，如懒扎衣。

折叠劲是由身体上下、前后往复运动而产生的劲，如饿虎扑食。

开合劲是由两手一顺一逆缠丝而产生的劲，太极拳的每个动作都是由开合组成。

吞吐劲是在借劲的基础上蓄发相变，以同样力量发出的劲，如扩七星。

滚珠劲是在下捋的基础上叠加上往前赶的动作而产生的劲，如懒扎衣转往白鹅亮翅的下捋阶段。

弹抖劲是肢体受到压缩而产生的劲，如掩手捶。

挫劲不是腾挪太极拳的独有劲法，而是腾挪太极拳应用较多、效果突出的劲法。挫劲是在向前的挤按劲中叠加上稍微向上的弧线形运动而产生的劲，好像木工师傅推刨子。推刨子是双手握住刨柄，沿木板方向往前推，待到胳膊到尽头时，两手沿向上的弧线把刨子掀起来。挫劲是太极拳大师们发人于丈余之外的主要劲法。各式太极拳中的抱头推山，杨式太极拳中的揽雀尾的按势等动作就都含有挫劲。在腾挪太极拳中，只要是两手相合的挤按劲，几乎都含有挫劲，如白鹅亮翅、分门桩、双推手、搂膝抱跟、暴虎推山、扩七星、跌脚掩手锤等。以白鹅亮翅为例，白鹅亮翅类似于陈式太极拳的六封四闭，区别在于六封四闭是两手向前、略微向下的挤按，而白鹅亮翅则是两手向前、略微向上的弧线形挤按。在《太极拳诀》中有“若将物掀起，而加以挫之之力，斯其根自断，乃坏之速而无疑”，就是对挫劲应用的诠释。

众所周知，腾挪太极拳是以低架见长的太极拳，弧线形的由下向上、向前的运动动作比较多，善于从下向上发劲。这种从下向上发劲击打的优势与挫劲结合使用，效果会更好，自然而然地形成了腾挪太极拳的一大特色。我的老师黄集体先生在教拳过程中多次讲到：“前辈拳师在教学生推手时，经常把学生打到墙上，反弹回来后，再次被打到墙上。”我也领略过老师的功夫，只不过老师出手后紧跟一步把我拉了回来，才没有使我尝到撞墙的滋味。

第四章　腾挪太极拳的两步半推手

推手是一项独特的太极拳功夫，腾挪太极拳推手又称为“两步半推手”。

第一节　两步半推手简介

两步半推手是由先宗师李作智所创，因它的主导腿（可左可右，以右腿为例）是连续上两步，再跟半步，所以叫“两步半推手”。它的主要特点一是以四正手为主，四隅手为辅，进为掤挤，退为捋按；二是可左可右，与拳架的“反手”练法相适应。

具体的上步步法是：右足上一步，左足跟一步，右足再上一步，左足前跟不落地直接向前跨大步，右足跟半步。

具体的退步步法是：右足退一步，左足也退一步，右足再退一步，左足也退不落地直接后退一大步，右足再退半步。

手法随步法：上步以掤挤为主，两手顺时针方向划圆，连划三圈；退步以捋按为主，两手逆时针方向划圆，连划三圈。

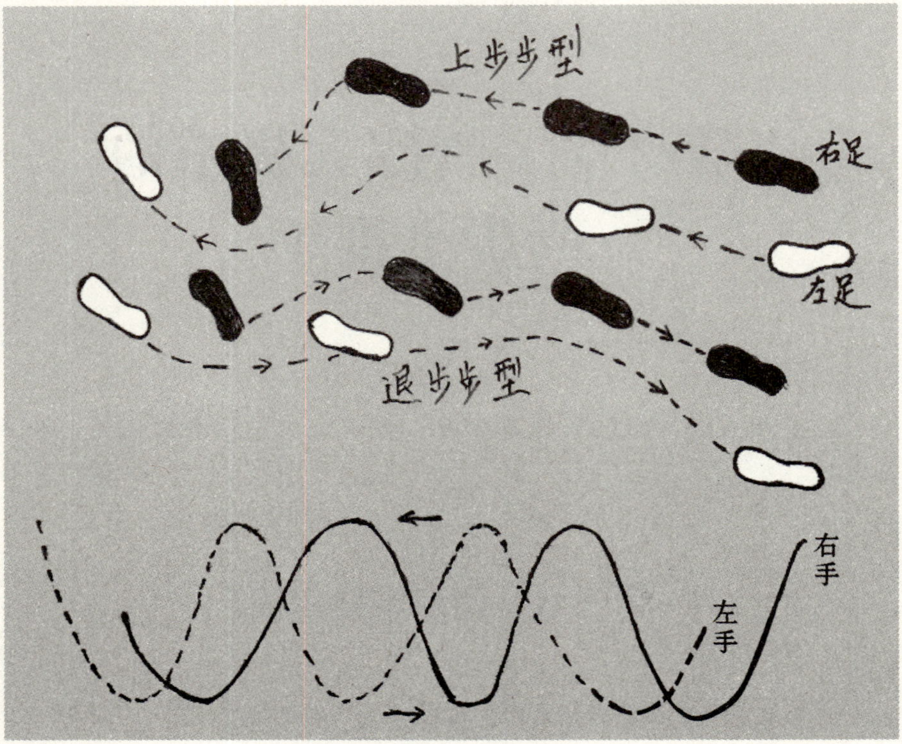

两步半推手步型示意图

第二节　两步半推手示要

下面是黄集体老师（着蓝黑色练功服，简称甲方）和其弟子程高芳（着白色练功服，简称乙方）的推手演示。

甲乙相对站立（图4–1）。行抱拳礼（图4–2）。

甲乙双方同时出右手右足（也可出左手左足），搭手（图4–3）。乙上步掤挤，甲退步捋按（图4–4）。

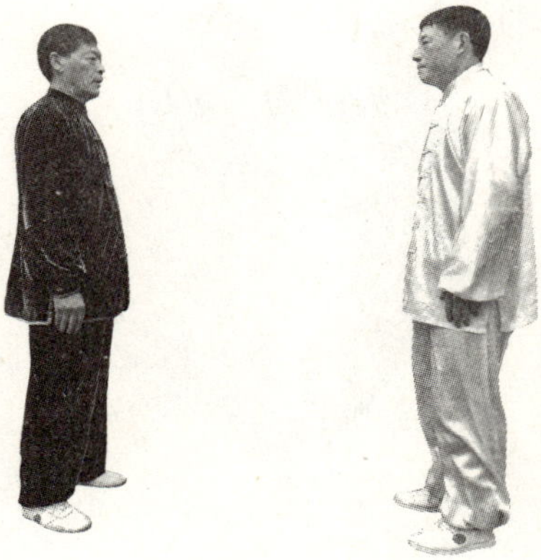

图4–1

图4–2

图4–3

图4–4

乙再上步掤挤，甲再退步捋按（图4-5）。乙左足前跟不落地直接向前跨大步，右足跟半步掤挤，甲退一步（图4-6）。

甲上步掤挤，乙退步捋按（图4-7）。甲再上步掤挤，乙再退步捋按（图4-8）。

图4-5

图4-6

图4-7

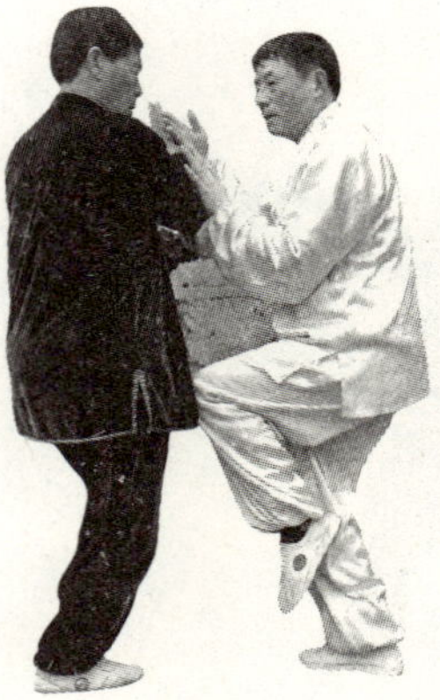
图4-8

甲左足前跟不落地直接向前跨一大步（图4-9），右足跟半步掤挤，乙退一步（图4-10）。

图4-9

图4-10

第五章　腾挪太极拳的技术要领

腾挪太极拳是内涵深刻、规矩严明、技术全面、章法严谨的太极拳。在演练过程中要严格遵守太极拳的“十大要领”和腾挪太极拳自身的独特要领，遵从“三直”“四顺”“六合”等规矩。只有按照这些要领和规矩练拳，才能达到应有的效果。

第一节　腾挪太极拳对技术的总体要求

十大要领是学习太极拳的入道之基，不二之法，必须认真对待，深刻领会。十大要领即虚领顶劲、含胸拔背、开裆下腰、分清虚实、上下相随、沉肩坠肘、用意不用力、相连不断、内外相合、动中求静。

在掌握上述要领的同时，还要遵从以下规矩。

“三直”，即头直、身直、小腿直。“四顺”，即顺手、顺身、顺腿、顺脚。

明“三节”知“六合”。三节即上、中、下三节，三节要明“上节不明，无依无宗；中节不明，满腔是空；下节不明，颠覆必生”。六合即“心与意合，气与力合，筋与骨合，内三合也。手与足合，肘与膝合，肩与胯合，外三合也”。

演“五行”懂“八法”。五行即金木水火土，与之对应为前进、后退、左顾、右盼和中定。八法即掤、捋、挤、按、采、挒、肘、靠。

以上要领、规矩在名家拳论中都有完整论述，如《太极拳十大要论》、

《王宗岳太极拳论》等，这里仅点到为止，以引起大家的重视。

练拳时要全身放松，松沉自然，立身中正。松即肌肉放松，不可僵硬，以免肌肉僵紧而影响关节的活动，松则关节自然灵活。沉是在松的基础上有意识地自然下垂，使上体气不上浮，下盘稳固有力，重心自然稳固。中正则劲力通达，自然顺随，起承转合灵敏、圆活。如此这般，方能在深层次的锻炼中起顿得势，闪展腾挪。

要全神贯注，在学拳初期以自然呼吸为主。全身九节劲掌、腕、肘、肩、背、腰、胯、膝、足要节节贯串，讲究精、气、神。手眼身法步要连绵贯串，运气及内劲运用要专注，不可过早用力。用力过早，则滞拙不灵，若成习惯，则不知其精巧之意，该发力则发力，不该发力则以蓄蕴为主，顺自然之力以渐进。

必须做到“四练”：一练心静，心不静则不专，举手投足全无定向；二练身灵，身不灵则进退反侧难以自如；三练气敛，气不敛势必散漫，难以开合有致，呼吸通灵；四练劲整，劲不整则虚实不明，发劲无根。

练拳要气势腾挪，气领得起，落得下，进退、反侧、领落、开合能循势而动，谓之气势腾挪。初练开展，后练紧凑，先划大圈，后划小圈，渐至无圈。

要循序渐进，初练宜慢，后练渐快；先练低架，后练高架；先练松沉，后练轻灵；先练大开大合，后练紧凑小巧，逐步达到腾挪闪展，按照“衩掩架”“软十三”“超越架”的顺序，逐步深入。要有心去求柔，在无意中成刚，在缠丝中求转折，在转折中求刚发。

练拳要明确内涵，拳不从空来，不往空去，每招每式都有其技击方法、技击原理。内涵不明，即对动作的技击方法、技击原理不清楚、不理解，举手投足不知所用，不是不及、就是有过，练糊涂拳，势必会影响学拳效果。只有细心领会，默识揣摩，才能逐步掌握其中内涵。做到四个“结合”：练拳与练功相结合、练拳与推手相结合、推手与散手相结合、散手与实战相结合。这是学好拳的过程，也是培养和锻炼心理素质的过程。

练拳时宜先站半分钟左右的无极桩，深呼吸一到两次，在中气贯足的情况下，心静、体松、神聚、气敛地去练拳。

头要虚灵，项要松直。头为一身之主，大脑思维之所在，要领起精神，头顶项竖，虚灵挺拔，切忌前俯后仰，左歪右斜。只有精神提得起，才无迟滞之虑。舌要轻抵上腭，上下齿轻合。两眼要平视，神情内含，气静神怡。

肩要松，肩为上肢根节，与躯体连接的枢纽，必须松沉里合。肩不可上耸，耸肩则背紧，不利于变招换势。沉肩可使肩松而腋肋间空虚，手臂得此空间而活动自如。

胸要放松，往里虚含，不可挺，挺胸则气上浮。腹要裹，裹腹则重心下沉，增加根基的稳固作用。腰要松，腰松则周身随和，上下协调。裆要圆，里撑外裹，裆圆则不夹裆，胯部松活，利于下身肢体的敏捷运动。

臀部当泛则泛，当敛则敛，要适而有度，泛而不突起。泛臀能使中气下降，有利于气沉丹田，能使裆部很好地开合。敛臀能防止突臀所引起的弯腰，身体的左右歪斜。一般而言，肢体上升宜敛臀，下降宜泛臀。尾闾要中正，脊柱上提，产生对拔的上下拉伸作用。

肘是上节中节，横垂皆宜，以垂为主，贵在曲使。

手为上节梢节，也是全身的梢节，手型要因势而异，掌、爪、勾、拳不拘一型，贵在多变。

膝为下节中节，能起到行步调身、支撑八方、虚实转换、闪展腾挪的作用。膝关节宜内合，不宜外展，宜曲不宜直。

脚是下肢梢节，是全身的根节，劲力产生在脚而变换在腿，五趾宜抓地，落步宜生根。

无论是练功还是健身，都要根据季节的不同而有所不同，我们的先哲们讲究“道法自然”“天人合一”“春种夏长、秋收冬藏”。练拳也应循时而行，春夏时节可以适当多练，秋冬季应适当少练，以养气培元为主。练拳还要避开不良的天气，如刮风、下雨、雷电、雾霾等天气不宜在室外练拳，暴热、暴寒天气不宜练拳。练拳后不宜立刻洗冷水澡，不宜在有风处乘凉。大病初愈者不宜长时间练拳。平时练拳除夏季外不应穿衣太少，特别不要袒胸露背等。

与人交流是最好的学习方法，“既要拜名师，还要访高朋”，多与他人交流，在交流中学习人家的长处，弥补自身的不足。同时还要认真体察名人名家的练拳方法，仔细阅读前辈先师的拳论著作。很多拳论著作本身就是太极拳在演练过程中的注意事项，学习领会这些经典的拳论著作，不仅有利于我们学好太极拳，更是学好太极拳的捷径。

第二节　腾挪太极拳独特的技术要领

既然腾挪太极拳是一个流派，就必然有其自身的特点，这些特点是来源于有别于其他太极拳的技术要领。其主要表现在五个方面。

一、身桩下扎，拳走底架

腾挪太极拳是以低架为主、低架见长的太极拳，它有一个俗名叫“衩拖架”，其意为出腿时如跌岔一般，要求小腿要紧贴地面，整套拳架弓马步、仆步较多，贴近地面的动作较多。弓马步就是半弓步半马步的步法。做弓马步动作时，要求大腿平展、小腿直立，另一腿相对蹬直，使得整个身躯重心下移、高度下降。腾挪太极拳是技重下盘功夫的太极拳，弓马步有利于锻炼稳定的下盘功夫，有利于气沉丹田和内气的鼓荡。

练拳过程中还要与束肋紧密结合，“身桩下扎，拳走低架”的其中一个目的，就是为了练出好的下盘功夫，而束肋的目的，正是促进气往下沉，增加双腿、双足力量，是达到下盘稳定的捷径。这就是在演练腾挪太极拳时为什么要束肋的原因所在。黄集体老师在教拳过程中，经常要求我们在做懒扎衣、单鞭、斜行、腰腮掌等动作时要束肋，这些动作的共同特点是下盘为弓马步，上盘要虚领顶劲、立身中正。他经常把“顺项贯顶两膀松，束肋下气把裆撑”这两句《太极拳经歌诀》挂在嘴上。时不时地给我们示范做束肋的方法。其方法是：头颅正直，顶劲领起，松肩，松腰，松胯圆裆。顶劲上领与腰、胯的松沉下落形成对拉之势，促使两肋自然内收，形成束肋的姿势。所以，束肋不是强制的行为，而是身体上下对拉形成的自然姿势。束肋是促进气往下沉，增强双腿力量，稳固下盘的最好方法。因为在这种姿势下，顶劲领起，精神自然就提得起；松肩坠肘，自然气不上浮；松腰、松胯、圆裆，气自然就下沉。气往下沉，双腿、双足自然有力，下盘也自然稳固。

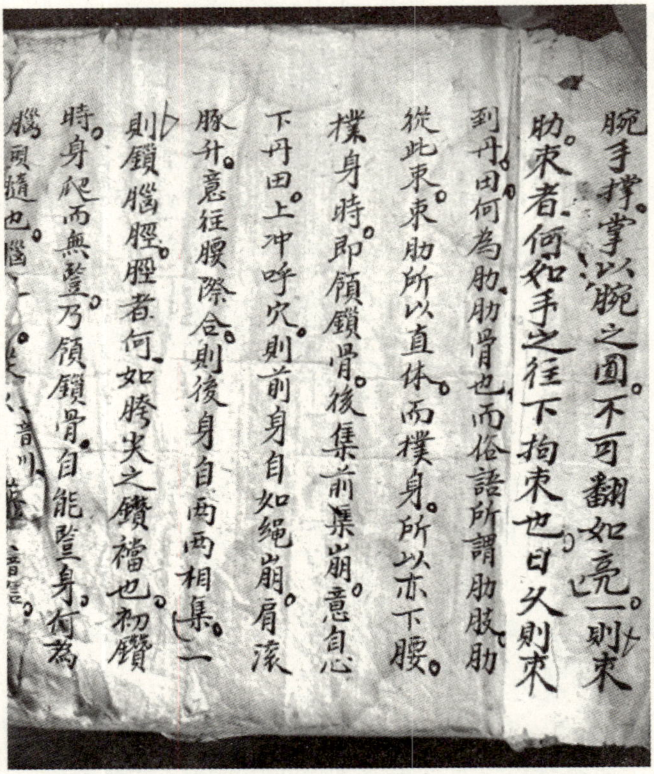

腕手撑。掌以腕之圆。不可翻如亮。一则束
肋。束者何。如手之往下拘束也。日久则束
到丹田。何為肋。肋骨也。而俗語所謂肋胑。肋
從此束。束肋所以直体。而撲身。所以亦下腰。
撲身時。即領鎖骨。後集前集崩。意息
下丹田。上冲呼穴。則前身自如绳崩。肩滚
豚升。意往腰際合。則後身自兩兩相集。一
則鎖腦腔。腔者何。如胯尖之鑽襠也。初鑽
時。身爬而無蹇。乃領鎖骨。自能豎身。何為
腦頭隨也。腦 [illegible]

古拳谱对“束肋”的要求

二、领落开合、螺旋起伏

腾挪太极拳是起伏幅度较大、大开大合的太极拳，腾挪太极拳起伏连绵如大海之浪，连绵不断，每个动作都是在一个或数个螺旋起伏的过程中完成

的，领落与开合寓于螺旋形的起伏之中。领落开合要求上下相随、内外相合，“下欲动而上自领之，上欲动而下自随之，中部动而上下和之，上下动而中部和之”。

开合是太极拳的基本特点，从某种意义上讲，没有开合就没有太极拳。腾挪太极拳要求大开大合，是由其自身的特点形成的。在腾挪太极拳中，除了具有一般太极拳的开合要求外，还有两类具有特色性的开合。一类是由螺旋形的起伏而形成的领落开合，如懒扎衣、单鞭、斜行、饿虎扑食、顺手牵羊等动作，这类动作的开合都是在领落起伏中完成。另一类是转身、大捋等具有闪展腾挪动作的开合，如倒撵猴、闪通臂、暴虎推山、左右七星、跨虎等。这两类都是幅度较大的开合动作，从而使腾挪太极拳成为具有螺旋起伏、大开大合特点的太极拳。

三、裆胯带动、以裆带手

腾挪太极拳是重视裆胯运动的太极拳。运裆、运胯是腾挪太极拳的核心技术要领。说其是核心，是因为它在腾挪太极拳的行拳走架、技击、推手中起着中枢的指挥作用。裆是由两胯和骨肌腱共同组成，如一个承重的轴承，稳稳地托住身体的上部分。两胯的运动从来都是一实一虚，不会同实同虚，如我们走路，起步一侧的胯向上提转，另一侧的胯向下旋落；落步时落步一侧的胯向下旋落，起步一侧的胯向上提转。正是由于两胯的提转与旋落，形成两腿间的虚实变化，才使我们能正常地向前运动。太极拳中的每个动作都是在两胯间的左右、前后、上下不间断的变化中完成的，如金刚捣碓的捣碓环节，两胯前后、上下旋转，从而完成捣碓的动作。两胯的前后、上下、左右变化是太极拳的动静开合、虚实转换、阴阳变化的枢纽，是太极拳的先机所在。

运裆是腾挪太极拳的基础性动作，对全身的运动起着提纲挈领的作用。太极拳活与不活，全在裆的运作，所以裆胯贵在松活。胯是上节中的根节，裆胯活，气机自然通畅；裆胯不活，动作必然迟滞。“命意源头在腰隙”，这里的“腰隙”实为腰与胯的结合部，向上由腰而肩而肘而手，向下而膝而踝而脚，“周身节节贯串，勿令丝毫间断耳”。

更重要的是，裆胯运动牵动丹田运动，丹田运动是循经运气的动力，也是内劲的基础，运裆能使内劲的质量得到升华，“腰为真机，而贯串肢节，势无缩阻，是内气者用耳”。运裆促进内气运动，内气运动又催动拳势的运动，由外达内，由内达外，裆胯起到了沟通与桥梁的作用。

“以裆带手”就是由裆胯来指挥带动肢体的运动，指挥着全身的四大节、八小节，“一动无有不动，一静无有不静”“以手领手，手笨力粗；以身领手，圆活松柔；以裆领手，心意神驰”。

四、半阴半阳，预动未动

腾挪太极拳在手法上与其他太极拳有所不同，要求五指漏缝，虎口撑圆，食指外展，其余三指略有弯曲，多以竖掌、立掌形式出现，而且是半阴半阳的手法。半阴半阳的手法，两手在运动时既不完全向外，也不完全向内，而是处于半阴半阳、亦阴亦阳的状态，这种手法不会使气在手腕处停滞，更容易到达指梢，在技法上是将展未展，将用未用，是备而不用，时刻处于待发的戒备状态，使用时翻手即可发人。手法以竖掌、立掌形式出现，更容易使两肩在运动中达到松肩和沉肩坠肘的要求。

五、落地生根，五趾抓地

这个要领在其他派别的太极拳中虽然也讲，但是腾挪太极拳强调得更多。腾挪太极拳强调凡脚一落地，就要抓住地面，依地生根，不准随意挪动，要挪动只有在这个腿由实腿转为虚腿时才能挪动，这叫做虚步转换。虚步转换非常灵活，阻力最小，不易损伤关节，这就是为什么腾挪太极拳虽然拳架很低，但步法很灵活的一个原因。依地生根和五趾抓地能促进下盘稳定，能在推手和技击中占得先机。

第三节　腾挪太极拳的学练问题

腾挪太极拳是规矩比较多、要领比较全面的太极拳，它不仅继承了早期太极拳的所有要领，同时还有本身特殊的规则要领，因此有人称它为“化石级别的太极拳”。正是腾挪太极拳的规矩多、要求高、要领全面，演练的难度较大，容易出现的问题也相应较多。结合拳友们在练拳过程中的共同体会，比较普遍、容易犯的问题至少有以下十四个方面。

一、低头弯腰

腾挪太极拳要求拳走低架，有些人由于身桩下不去，就低头弯腰，勉强地把拳架放低，拳谚云“低头弯腰，传授不高”，低头则顶劲不领，弯腰则后背不拔，反而影响学拳效果。正确的方法是循序渐进，先松开裆胯，两肋束住，立身中正，待胯位打开，腿部力量加强后，再逐渐放低架子。

二、摇头晃膀

腾挪太极拳要求螺旋起伏，有些人由于做不到裆带腰，腰带身，身带手，就采用晃身的方法，增加身体旋转的幅度，以致摇头晃膀，这个毛病要在练拳过程中逐步克服。

三、两肩不平

这个问题与第二个问题实为一个问题，分开论述的目的是为了便于纠正。

摇头晃膀的时候，两肩就很难保持平衡。也有人在做懒扎衣、单鞭等由下向上的领落动作时，同样由于做不到以身领手，就用以手领身的方法完成领落的过程，很容易产生两肩不平的现象，都需要在练拳过程中克服。

四、肩臂不松

肩臂不松，气必上浮，以致外形僵滞，下盘不稳，要在练拳过程中逐步克服。

五、抬肩、架肩

抬肩架肩是在做懒扎衣、单鞭等动作时，主导手的手指尖超过眼眉，就会形成抬肩、架肩现象。

六、上下不合

上下不合是因为转身、转腰幅度过大，上肢在运动过程中与下肢的位置在左右方向相差较远，使上肢失去下肢的支撑，外三合在运动过程中合不住。

七、虎口不圆

拇指不撑，拇指贴着食指，虽然在练拳时气也能达于四指，但不能达于拇指，属于局部犯丢。这样就学不好腾挪太极拳，所以要特别注意这个看似很小的问题。

八、上领尖裆

就是身体在上领的过程中，两腿在接近直立的瞬间，没有及时下落，形成尖裆和双重，使气浮于上，造成下盘不稳。

九、下落荡裆

就是身体下落时落不到位，致使两腿虚实分不清，容易横气于胸。整个动作外形别扭、不协调，且有双重现象。

十、两脚不扣

两脚不是相对平行，而是外八字，这是一个相对重要的问题，望学者在练拳的过程中克服。

十一、裆胯不运

运裆是腾挪太极拳的基本要求、核心要领，腾挪太极拳是通过裆胯的虚实变化和运裆来牵动全身的运动的，具体要求在第二节中多有详述，望学者认真学习。

十二、眼神游移

练拳时神情不专注，目光外泻，神不内敛，东瞧西看，影响学拳的效果。

十三、跪腿挺腹

练拳时胯松不下去，使膝关节往前突出，形成跪腿现象；腹含不下去，形成挺腹现象。

十四、出步脚擦地

由于腾挪太极拳属于低架太极拳，出步时容易造成脚掌擦地，此问题虽然不是大问题，但要逐步避免。尽量做到一步到位，脚步轻灵，势如猫行，并且依地生根。

第六章　腾挪太极拳的理论基础

太极拳之所以能够风行世界，一方面在于太极拳特殊的运动技术风格与显著的健身养生功能，另一方面还在于太极拳所承载的传统文化智慧与人生启迪，与此相关的则是太极拳的理论。腾挪太极拳的理论基础也是相对较为充实的，摘要如下。

第一节　文史遗存资料汇编

历史上腾挪太极拳与其他流派的太极拳一样，曾经有完整的理论体系，相传当年先宗师李作智就撰写有《太极拳讲述》，并且在主要传人中还有抄本，但是在20世纪六七十年代，几乎因相同的历史原因，无论是温县的抄本还是博爱县、西安的抄本都先后损毁。现在在世的拳师们当初学拳时年龄尚小，很多东西没有记住，使大量的文史资料淹没在历史的长河里。现在收集到的资料，都是在走访健在拳师的过程中，收集到的只言片语、单纸片张的东西，虽然不多，但很珍贵。现在根据这些资料所反映的功能，分门别类地汇集在这里，供大家学习时参考。

一、相对完整的历史遗存资料

李作智先师歌诀

心静如水百会悬，身动似蛇裆胯转。
两脚着地滚涌泉，丹田储动达十宣。
一形相连上中下，左右旋转环扣环。
一动百动在虚实，两仪真功形意神。

李宗有先师歌诀

其一

以手领手，手笨力粗。
以身领手，圆活松柔。
以裆领手，心意神驰。

其二

动中有静，静中有动，此是真诠，与外不同。
以动制静，心神意控，以静制动，视触觉听。
不即不离，不丢不顶，练时独我，仿有人同。
起落阴阳，柔慢匀松，呼吸绵绵，周身浑然。

刘盘老师提供的历史遗存歌诀

不动如动，动如雷霆，势如破竹，其疾如风。
慢如抽丝，快如闪电，偎进贴身，粘连黏随。
依移走化，缠绕磨措，正架乱步，用无定势。
因敌变化，得机得势，手足并进，前进莫贪。
后退莫乱，诱敌扑空，反攻制胜，避实击虚。

闪惊巧取，上掤下压，左右裹缠，退则促之。

进则引之，胆大心细，眼疾手快，勿迟勿疑。

起如猛虎，蓄如猕猴，上下相随，内外一致。

二、其他历史资料

1. 反映腾挪太极拳规矩、要领的资料

黄集体老师提供的资料：“大开大合，大起大落”“螺旋起伏”“劲在怀里”“落地生根，五趾抓地”“蛇身”“大架不大，小架不小”“腾出位来”“两胯为先机，贵在松活”。

郑延生老师提供的资料：“身桩下扎”。

李长玉老师提供的资料：“转换走化”。

田永林师弟提供的资料：“压方”，就是做马步和弓马步动作时大腿平展，小腿竖直。

2. 反映腾挪太极拳精进、变化的资料

黄集体老师提供的资料：“可大可小，可快可慢，可高可低”“由慢到快，再由快到慢”“由大圈到小圈，由小圈到无圈，凡功夫高深者，其走圈也小，不显于形，若有若无，使对方不知其深浅，未知其变化，深藏不露，适于灵变”“快者如闪电”。

李长玉老师提供的资料：“拳要分三步来练。第一步，学会拳架；第二步，大开大合，大起大落练；第三步，手上不过眉，下不过裆，运裆、运胯练”。

李纪兴老师提供的资料：“低架练松沉，高架练轻灵，中架练大通”。

3. 反映腾挪太极拳拳谱的资料

黄和平老师提供的资料：“太极起势心意动”“掤捋采挒懒扎衣”“野

马分鬃往前闯”。

宋桂林老师提供的《腾挪拳谱》完整资料，详见本章第三节专题研究之二“论腾挪太极拳的一拳多练的方法与次序”。

4. 反映腾挪太极拳体用的资料

黄集体老师提供的资料:“无功不打人，无功不过招”“拳打一尺，肘打四指”。

黄和平老师提供的资料：“体用（打人）在于势未成，势成之时（他）人已倾（倒）”。

王胜战老师提供的《打手歌》：“上打咽喉下打阴，中间两肋并当心；下部两臁并两膝，脑后一瓜要真魂”。

5. 反映腾挪太极拳功法的资料

王胜战老师提供的资料：“天河有水龙搭桥”。

6. 反映腾挪太极拳强身功效的资料

李纪兴老师提供的资料：“筋长一寸，寿长十年”。说明腾挪太极拳在伸筋拔韧方面作用明显，在强身方面效果更好。

7. 来源于百度的资料

宗师李作智《两仪功》残句：“动中有静静复动，阴阳圆弧在自然”。

第二节　当代拳师拳论摘选

当代的一些腾挪太极拳家，例如黄集体、刘盘、杜应时等，都有关于腾挪太极拳的歌词、拳论，摘要如下。

刘盘老师歌诀

规范动作，放松自然。
疏通经络，引动内气。
形气结合，如环无端。
周身相随，内外一致。
稳固根基，充实内气。
触觉灵敏，知己知彼。
得机得势，舍己从人。
蓄而待发，一触即动。
灵活多变，神鬼莫测。

黄集体老师推手歌诀

打开八扇门[①]，守住自己门[②]。
上头飘如云，下盘如泰山。

程高芳拜访刘盘老师

①八扇门：指四正四隅，即东、南、西、北，东南、西南、东北、西北。
②自己门：指守中护中。

杜应时歌诀八首

其一

意行前中后，主劲在根部。
以腰为中轴，化劲为电流。
发劲手别抖，方能见气候。
四两拨千斤，缘由在里头。

其二

欲退先进，欲进先退。
进过就退，退过就进。
退过又进，进过又退。

其三

前进后退需有圆，左逢右迎身勿偏。
气沉足下滚丹田，浑元一气演周天。

其四

动作轻灵重心移，上下随和真神奇。
意气粘黏为根基，听化拿发能制敌。
制敌之前心无忌，方显太极真含义。

其五

太极阴阳紧粘黏，上旋下转记心田。
大圆转变小圆圈，全在腰胯腿伸蜷。

其六

思定则心转，松静则神凝。
沉缓则圆匀，阳盛则阴消。

其七

听劲讲粘度，化劲讲幅度。

拿劲讲准度，发劲讲速度。

其八

拳练一生讲究功，落地生根坐如钟。

有弹无僵且轻灵，两者合成是英雄。

拳势变化歌

低架练松沉，高架练轻灵。

低架打基础，高架为实用。

低架大开大合，舒缓沉静。

高架紧凑小巧，闪展腾挪。

浅谈腾挪太极拳的“容”

黄红军

“容”能组成“包容”“容忍”“容貌”等多个词组，并形成不同的词义，就腾挪太极拳来说，“容”是“纳”和“大”的意思，“海纳百川，有容乃大；壁立千仞，无欲则刚”就是这个道理。

学习腾挪太极拳要有“容”的胸怀和“海纳百川，有容乃大；壁立千仞，无欲则刚”的气度。学拳者必须心胸广大，有正义感，恬心静气，不与人斗气，有容人的大度和气概，这样的人才能无欲无求，才能达到学习太极拳的高级境界，这也是腾挪太极拳在择人方面的一项重要原则。

这个“容”在自身的练拳经历中是这样的，你做到了无欲无求，就能恬心静气，然后才能气沉丹田，注意力集中，全身心地投入到练拳中去，才能一招一式如长江大海般地波涛汹涌、层出不穷，并且心情舒畅，精力充沛，身清气爽，浑身好像有用不完的劲，甚至会灵台空明，妙趣横生，出现令人意想不到的意境。

这就是“容”的效果在练拳中的表现，“容”与松紧密联系，如果你能

“容”就能放下思想包袱，心里就会放松，心里放松，全身就会放松，才能气沉丹田，虚领顶劲，丹田气足以后，才能周身俱佳，身若游龙，打起拳来才能随心所欲，五脏六腑之气随意而动。

“容”的另一个效果是在推手和技击中的表现，腾挪太极拳在推手和技击上讲究“腾开位置、挪出空间”，目的就是把敌人引进来，引到我的范围内，或擒或打，凭己安排，这就需要有“容”人的雅量和舍己从人的精神，敢于把对手引进来，“容”在我的怀内，敢于顺着对手的力量走，只有这样才能达到应有的效果。

所以，练拳者不可不详查“容”的含义，不可不体会“容”的精髓，这是我的一点练拳体会，说出来与同道朋友们共享。

第三节　专题研究

一、论腾挪太极拳的“双手并重”

凡是介绍腾挪太极拳的书籍或资料，往往都会用到“双手并重”一词（也有资料称作“双手并用”），如焦作市委宣传部、焦作市文联编著的《神秀焦作·太极拳卷》的第53页和第137页就有“李作智（1844—1914），南张羌村人，生活在清末民初，在师傅陈清平所传太极拳基础上，遍访名手，结合自己多年习武对阵心得体会，在19世纪末，创编了一套强调双手并重，极重下盘功夫，步法更加灵活，身形起落幅度较大的太极拳套路，被称作‘腾挪太极拳’”。这里面谈到两个问题，一是强调“双手并重”，二是“极重下盘功夫”。关于“极重下盘功夫”，我们根据腾挪太极拳特点、要领以及习练方法，已经基本了解。但对于强调“双手并重”却知之甚少，这个问题如果不从理论上搞清楚，势必会困扰腾挪太极拳爱好者的思想认识，本文就该问题进行探讨。

“双手并重”不是“双重”。双重是学习太极拳过程中易犯的大毛病，很多学习太极拳的朋友都知道这一点，并在学习过程中尽量避免。纵观腾挪太极拳的拳架套路，从双手运行的轨迹来看，无论是从上到下，还是从左到右，都是主宾有序，虚实分明，不存在双重现象。所以，这里说的“双手并重”一定不是双重。

“双手并重”是深层次学习腾挪太极拳的方法。就是正反兼练，以求技术和身体的平衡发展。

学习腾挪太极拳不仅要“双手并重”，而且要“强调”，说明“双手并重”在学习腾挪太极拳过程中的重要性。笔者在跟随当代腾挪太极拳代表人物黄集体老师学拳期间，曾多次听他说过“咱们的拳在右手熟练后，一定要反过来用左手练，达到左右手都能练”。现在博爱县的传人中，就有多人双手都能演练。无独有偶，陕西省咸阳的张长林、张顺林两位老师，在其《濒临失传的李作治太极拳》中，就有“李宗有老师在教拳过程中，要求右手熟练后，要左手练习，并当众用左手给他们表演了一遍”。

张长林、张顺林与黄集体老师同为腾挪太极拳第四代传人，但是相隔千里、从未谋面，却在不同的时间、不同的地点说出内容完全相同的话，我们是否可以作出这样的假想，即先宗师李作智在创拳时就根据自己的习拳对阵经验，认识到左右两手交替练习对学好太极拳的作用，特意留下了左右两手交替练习的规矩，并要求前辈拳师在传承中要一代代地传下去，把强调“双手并重”作为深化学习腾挪太极拳的重要方法。

“双手并重”对学好腾挪太极拳的作用主要表现在双手及身体的平衡锻炼与腰身的灵活性两个方面。我们知道，太极拳的传统套路都是以右手为主导手的，右手的锻炼效果要好于左手，这与人体的生理特征有关。这个问题在近代太极拳发展中逐步引起重视并解决。如国家体委在1956年推广的二十四式太极拳就在右势的基础上增加了对称的左势，以使身体得到平衡、全面的发展。出于同样的目的，田秀臣、阚桂香在1982年出版的《陈式简化太极拳》中就增加了左手的单鞭、六封四闭、金刚捣碓等动作，同样是为了弥补传统太极拳在左手锻炼方面的不足。

仅仅论述至此，似乎有不尽人意的地方，如果仅从“在右手熟练后，一定要反过来用左手练”，似乎有点牵强，不能完全说明问题。因为在其他太极拳中，虽然不是特别重视用左手演练，但不能说完全没有。

其实，先宗师李作智早就注意到了这个问题，在腾挪太极拳的武学体系中，左右对称的动作明显多于其他流派的太极拳，在“衩拖架”中有左右高探马、左右白蛇吐信、左右拍脚、左右搂膝抱跟、左右蹬脚、左右霸王献酒、前后招、左右野马分鬃、左右金鸡独立、左右七星、左右沉肘束肋等对称动作。而在“超越架”中又增加了左掤、右掤、左捋、右捋、左挒打、右挒打、左掤拿、右掤拿、左右肘底看捶、左右退步压肘、左右单峰贯耳、左右双峰贯耳、左右马步靠、顺逆扫腿等对称动作。

同样是张长林、张顺林两位老师，在其“赵堡太极拳李作治脉系拳法阐秘”一文中，介绍了李作智先宗师编创的一种侧重于技击的拳架，他们称为“发功架”的套路。在这套拳架中，有很多左右对称的动作名称，明显地不同于其他太极拳，如“13. 左揽擦衣，14. 右揽擦衣……，19. 右金刚，20. 左金刚……，24. 左按左捋，25. 右按右捋，26. 左斜行捷取，27. 左摆右抱腿，28. 右斜行捷取，29. 右摆左抱腿，30. 右十字手，31. 左十字手，32. 左外耳门，33. 右外耳门”，等不一而足。还有一些动作，虽没有标清左右，但都是成双成对出现，如“38. 双风贯耳，39. 双风贯耳……，69. 接手刺，70. 接手刺，71. 接手缠，72. 接手缠”。上述动作名称可以证明，在腾挪太极拳的武学体系中确实存在左右手同时锻炼的武术套路。

同时，先宗师李作智在推手方面也有独创，他编创的两步半推手，以四正为主、四隅为辅，是一种非常适合左右手交替练习的推手方法。

所以，腾挪太极拳的“双手并重”是一个从拳架到推手都非常完整的武学体系，决非简单到“在右手熟练后，一定要反过来用左手练”能够包括。由此看来，先宗师李作智特别具有先见之明，在一百多年前就发现了这个问题，并从实际出发系统地解决了这个问题，在右势的基础上增加对称的左势，不仅使身体得到平衡、全面的发展，同时在技击与对阵上更加灵活，占得先机，同其创立的腾挪太极拳一样，对促进武术事业的发展作出了重大贡献。

二、论腾挪太极拳的一拳多练的方法与次序

黄集体老师在教拳过程中经常讲：“咱们的拳就是练功的，无功不行，必须把低架练好；低架练好了，再反过手来用左手练；然后再把拳架升高，收小身法练。”从这段谈话中透露出两个信息：一是同一套拳有不同的练习方法；二是同一套拳有不同的变化。这说明腾挪太极拳是能够一拳多练、变化多端的太极拳。腾挪太极拳以低架为主、以低架见长，但并非一味地追求低架，低架锻炼的目的是为了打基础，在打好基础后，要在不同的阶段，进行不同的变化。一般规律是在低架打好基础，下盘功夫见长、增强的前提下，逐步升高拳架，变大圈为小圈，变开展为紧凑，由松沉锻炼转为轻灵、闪展腾挪锻炼。具体要遵从以下规律：

“可大可小，可快可慢，可高可低，大架不大，小架不小”。

“低架练松沉，高架练轻灵，中架练大通”。

“低架打基础，高架为实用；低架大开大合，舒缓沉静；高架小巧紧凑，闪展腾挪”。

透过这些规律，大家就会明白，为什么同为李作智脉系的太极拳，在不同的地方，会有不同的风格。在博爱县它是“拳走低架，螺旋起伏”的传统风格，在温县是以中、低架并存的风格，而在陕西省咸阳市则是以中、高架为主的风格。

一般来说，腾挪太极拳在锻炼方法上最少有以下四种方法，它们的次序为：

（1）“技重下盘”练法，也就是传统练法、低架练法或“衩拖架”练法，目的是打好基础，在此基础上再进行其他方法的锻炼。

（2）“双手并重”练法，也就是在右手熟练后，用左手练习，目的是使左右两手平衡地得到锻炼。

（3）“轻灵”练法，也就是“软十三”练法，逐步升高拳架，变大圈为小圈，变开展为紧凑，由松沉锻炼转为轻灵锻炼。练习过程中可适当增加步法，进步必跟，退步必撤，使拳架更加灵活。

（4）“闪展腾挪”练法，在“轻灵”练法的基础上进一步增加步法，增加身法，增加穿、蹦、跳、跃和转身等动作，并根据动作的内涵适当变换手型和手法，同时根据自身的特点、特长，适当增加发劲动作，适当提高练拳的速度。

关于“闪展腾挪”的练习方法，黄集体老师曾经和程高芳说：在他小的时候，有一天半夜起床，见其父黄天佑在院中表演过一套与平时完全不同的套路，只见穿蹦跳跃、闪展腾挪，速度比平时快得多，由于当时他年龄还小，未来得及学其父就过世了。

程高芳在访问同门的宋桂林老师时，宋桂林老师给程高芳介绍并表演了一套一式三、五步，一动二、三式、穿蹦跳跃、闪展腾挪的套路。他说是2011年在郑州玫瑰城公园练腾挪太极拳时，一个八十多岁的李老拳师传给他的，并且还有拳谱。李老拳师很谦虚，始终不肯说出自己的名字，当得知宋桂林是王明槐的外孙时，说“你们练的是大众拳，不是门内拳”。在详细介绍了大众拳与门内拳的差别后，说“我已经八十多了，不再保留了，把门内拳传给你”，就这样李老拳师把拳和拳谱同时传给了宋桂林老师。宋桂林问“这套拳叫什么名称”，他说“叫提高架、超越架，超越就是超越原来学的”。程高芳观看后很感兴趣，当即表示要学习，宋老师也毫不吝惜地教给了程高芳。下边是程高芳抄录宋桂林提供的原文，其中有些字可能是别字：

此拳谱是2011年在郑州玫瑰城打太极拳腾挪架时，遇腾挪李老拳师，老拳师八十高龄，不透名号，只说是姓李。

当李老师提到“你是博爱县人，知不知道王明槐”，我说“我是他的外孙”时，李老拳师谈到“你们练的是大众拳，不是门内拳”，并谈了大众拳与门内拳的差别。在李老拳师的指点下，经过多年深练，我学成了一套一式三、五步，一动二、三式的拳法。

腾挪拳谱

腾挪太极超越架，顶胯提谷补先天。
沉肩坠肘气三田，青龙入洞有玄机。
割拦瞒肘龙出现，上下翻云雷震天。
掤捋采挒懒扎衣，采挒按挤鹤落地。
换势进退定单鞭，顾盼护肘龙再现。
雷响四方鬼神惊，起落虚实白鹤飞。
内捋采挒大鹏来，右左拦防虎捕羊。
羊穿羊跳蹬着天，按分换势大鹏妙。
大鹏顾盼虎下山，灵羊腾挪扑心掌。
上下阴阳滚地捶，撇身就势正心捶。
转势肘捶猴受惊，一惊巧遇仙鹤进。
仙鹤引来大鹏雕，大鹏未落虎又到。
一空一地惊奇多，左右旋转有玄妙。
玄妙之精身法中，四节太极云手分。
能识一节动作语，末后三节自贯通。
散合结合是神功。
三丰初拜少林门，中岳学得长拳精。
中岳太极授蒋发，蒋发原练硬拳功。
路禅初练外家拳，后学太极有名声。
世人只知软十三，师密不传硬十七。
阴阳合并上乘功。

在此拳谱中，不止一次地提到“腾挪”二字，并且开宗明义说是“腾挪拳谱”和“腾挪太极”。观其演练过程，穿、蹦、跳、跃和转身等大身法的闪展腾挪动作很多，闪展腾挪的特点极为明显，非常符合“闪展腾挪”的练法要求。根据以上特点，程高芳认为它就是寻找的“闪展腾挪”练法的其中之一，同时根据首句中的“腾挪太极超越架”中的“超越架”三个字，作为这套拳的名称。

值得一提的是，“腾挪太极拳”这个名称是最近几年才有的，过去虽有“腾挪架”的说法，但并不是很响亮。此拳谱宣称为“腾挪太极”，程高芳认为可以说明两个问题：一是说明这套拳谱所代表的拳架的确是腾挪太极拳的“闪展腾挪”练法；二是说明前几年把拳架定名为“腾挪太极拳”是正确的，这套拳谱和拳架的面世使腾挪太极拳的理论依据更加充实、可靠，更有说服力，武学体系更加完善。

以上四种练法，是根据黄集体老师的教拳方法和走访老拳师的基础上总结出来的，不一定全面，望同道们继续努力，使其进一步完善。

程高芳教拳照片

程高芳为学员讲课

三、“超越架”理论初探

“超越架”是腾挪太极拳的发劲架，其名称来源于《腾挪拳谱》的首句“腾挪太极超越架”中的“超越架”三字。它是在“衩掩架”“软十三”都有一定功夫的基础上的提高与突破。其风格是：穿蹦跳跃、闪展腾挪。特征是身法与步法多变，强调双手并重，注重平衡锻炼，左右对称动作较多，目的是提高学拳者的功夫和整体水平。目前其理论尚处于探讨和整理阶段，下面是程高芳的粗浅看法。

一是增加步法，进步必跟，退步必撤。要求“一式三、五步，一动二、三式”。比如在七十二式中的第一势“金刚捣碓”，原来的练法是起势结束后两手向左掤起，现在的要求是两手在向左掤的同时，左腿向左前方上步成左弓步。简单来说：就是两手原来向左、向右的掤、捋动作，现在都要加上相应的上步或转身，大捋、大身法等动作甚至要加上两、三步，这就是为什么要求

“一式三、五步，一动二、三式”的原因。有些动作还要增加一些特定的步法，比如云手要增加向前或向后的插步，对心捶前加顺时针的扫腿，金鸡独立前加逆时针的扫腿。

二是增加身法，增加穿蹦跳跃的动作。由于“衩掩架”是以低架为主的套路，以松沉锻炼、增加下盘功夫为目的，所以很少看到穿蹦跳跃的动作。超越架要求必须在一些特定动作中加上穿蹦跳跃的动作，如掩手捶、掩手掌要加向前的跃步或跳步动作，斜行、饿虎扑食要加向前的跳步动作，白蛇吐信要加向前的穿跳动作。

三是找出原有的隐藏动作。“衩掩架”演练的套路中，比如披身捶中隐藏着左右挒打，掩手捶转向肘底看捶的过程中隐藏着单峰贯耳，肘底看捶后面隐藏着退步压肘，搂膝抱跟中隐藏着双峰贯耳，扩七星中隐藏着马步靠打等隐性动作，这些动作在超越架里都要明确地表现出来。

四是突破原有动作的技术要领和技击内涵。由于每个动作在这套拳中都有变化，如果逐一论述篇幅过大，可以编成一本书，这里仅以腾挪太极拳中的“斜行、饿虎扑食、顺手牵羊和腰腮掌”这四个具有典型的代表性动作加以说明。首先，“斜行”变成了“大鹏展翅”，“仙鹤引来大鹏雕”，动作要领要体现出大鹏搧动翅膀的姿态。其次是“饿虎扑食”，从原来着重表现老虎捕食时的神态和威仪，变成羊在被捕食时的躲闪和自卫的形态，“羊窜羊跳蹬着天”，“饿虎扑食”的结束动作则变成大鹏捕食时的俯冲动作和姿态。最后是“顺手牵羊”仅在右脚落地的瞬间，跳起来做下一个“腰腮掌”动作，成为“灵羊腾挪扑心掌”。

经过以上四个方面的变化，可以看出此时的套路已经是一个内容非常丰富、动作非常复杂的套路，身法上穿蹦跳跃，步法上蹬踢踹跺，手法上拳掌勾抓，套路编排上左右对称，增加了很多“强调双手并重”的对称的左右势动作，从而使身体得到平衡、全面的锻炼和发展。这套拳既发端于七十二式，又超越于七十二式，这就是“超越架”的内涵。

相传先宗师李作智能在一百零八单元手的基础上，进一步细化为“三百六十单元手”。我们可以在这里看出端倪，仍以七十二式的第一势“金刚捣碓”为例，超越架里变化为“上步左掤、转身右捋、上步左捋、转身格拦、瞒肘、上步雀地龙、上步指裆捶、提腿冲天炮、跺脚金刚捶”，从一个动作变成九个动作，步法也从原来的上一步变成现在的上四步，还有一个提腿跺脚的动作。可惜的是，“三百六十单元手”的名称至今还未找到，为此程高芳曾专程到南张羌拜访李长玉老师，李长玉老师肯定地说：“有，小时候老人们还让我们背过，可惜都忘了。”

发现“超越架”在现阶段的腾挪太极拳研究中有非常重要的意义，首先是这一珍稀拳种能够得到保护和发展，通过在腾挪太极拳爱好者中传播，把它保护下来；其次是解开了一些多年萦绕在脑海中的疑问，使腾挪太极拳的武学和理论体系得到充实和完善。

程高芳拜访李长玉老师

四、腾挪太极拳的仿生行为对学拳的辅助作用

在腾挪太极拳的动作名称和历史遗存资料中，可以看到很多以动物名称命名的招式："白鹅亮翅""饿虎扑食""顺手牵羊""白蛇吐信"等；用仿生行为编写的歌诀："起如猛虎、蓄如猕猴""身动似蛇裆胯转"；特别是《腾挪拳谱》："青龙入洞有玄机，割栏瞒肘龙出现……转势肘捶猴受惊，一惊巧遇仙鹤进，仙鹤引来大鹏雕，大鹏未落虎又到"，很多诗句都与动物行为有关联。

其实太极拳的创立与仿生行为的关系从来就十分密切，无论是"观鹊蛇之斗智，仿禽兽之飞跃"，还是吸收"五禽戏"的吐纳、导引养生之术，都说明仿生行为对太极拳创立的引导作用。

研究太极拳的仿生行为，是为了更好地学习太极拳，不求形象，但求神似，这方面前辈拳师多有论述，很多经典拳论就是用动物行为表述，如"迈步如猫行"，简单明了，很容易让人理解和掌握。在腾挪太极拳中，借用动物形象的仿生行为同样突出，到处可寻，如果仔细分析，整个套路由蛇、龙、虎、狮、象、鹊、鸡、鹅、猿、猴、猫、马、鼋等十余种动物仿生行为组成，如起势动作如果向前上步就叫"灵猫扑鼠"，生动而意真。笔者认为，腾挪太极拳主要的仿生行为有蛇身、虎仪、猴形、猿背、鹅姿和龙化。

一是蛇身，主要学习蛇的灵活性。腾挪太极拳创始人李作智先宗师留下的歌诀中有"身动似蛇"的要求。当前腾挪太极拳代表性人物黄集体老师，在授拳过程中不断地强调"身要像蛇一样活泛"（活泛即灵活），说明像蛇身的灵活在腾挪太极拳的诸多身法中起着中枢的作用。

那么，如何达到"身要像蛇一样活泛"的要求呢？其实就是裆胯带动下的螺旋起伏运动。"领落开合、螺旋起伏"是腾挪太极拳的一个重要特点，要求每个动作都要在一个或数个螺旋形的起伏中完成。"身要像蛇一样活泛"就是螺旋起伏的形象比喻。

这种"身要像蛇一样活泛"的裆胯带动的螺旋起伏运动，同时引动内气的

上下螺旋运动，“其气聚而鼓荡，壮若璇玑”，促进涌泉滚动、气达十宣，伴随着身体与四肢的领落开合，达到“一形相连上中下，左右旋转环中环”的整体效果。这里由意开始，意动、形动，继而神动，达到一动百动。在平时行拳走架时，要多体会“蛇身”的意境，对学好腾挪太极拳有很好的促进作用。

二是虎仪，主要学习虎的松沉、安逸、疾速与专注。虎为百兽之王，不怒而自威。虎的威仪主要表现在蹲卧的安详，行走的沉稳，闲情逸致和捕捉食物的迅疾与专注上。老虎在蹲卧和行走时，不像其他动物那样目光外露，环视四周，时时保持警惕的状态，就是同为大型猫科动物的狮和豹，在这方面也无法和老虎相比。老虎行走时从不紧张，而是徐徐慢行，这种安详、闲情逸致的心态，与太极拳的“神宜内敛”“松”与“沉”无不相似。老虎在捕捉食物时，先是伏地而行，进入捕捉范围后，缩身后坐，随着一声长啸，迅疾前扑。这里的一缩一伸、一蓄一发，迅疾凌厉、干净利索，声震山林，尽显神威，而太极拳的“蓄而后发”、发劲“专注一方”的要求与之相比有相似之处。

腾挪太极拳属于低架太极拳，“身桩下扎、拳走低架”，行拳走架时心平气和，神意内敛，气往下沉，重心下移，出腿落地生根。其定如虎踞山岗，稳定安详，其动如虎巡山林，轻健沉稳，自然洒脱。

腾挪太极拳要求“起如猛虎”，在其套路中，有专门模仿老虎威仪四射行为的动作名称，如黑虎掏心、饿虎扑食、暴虎推山。这三个动作的共同特点是一缩一伸，一蓄一发，有势不可挡、无坚不摧之势。特别是饿虎扑食，动作要领是先缩身再蹬扑，与老虎捕食的行为神似无比，功夫深厚者演练该动作时，能在身体向前翻扑时，把衣服的下摆掀起来，盖在头上。笔者曾写过一首赞美该动作的诗，愿与大家共赏：“猛虎缩身把爪现，展背蹬腿扑上前。啸声撼林百兽寂，利爪挫锐群魅寒。形真意切神兼备，卷舒蓄发一气成。掀起衣服盖住头，方显好汉有神功。”

三是猴形，主要学习猴的机敏灵巧。猴机敏灵巧，有纵跳、攀援、蹿跃之能，腾挪太极拳有很多动作要求缩身、束肋，要“蓄如猕猴”，是为了增强身体因压缩而产生的弹力，促进身体的灵活性。束肋是为了促进气往下沉，增强双腿力量，促进下盘稳定，进一步增强下肢的弹力。

四是猿背，主要学习猿的松沉。在腾挪太极拳中，“两臂拖行，形同猿背”，要求两臂好像拖在两肩上，后背要圆，形同猿背，这样的要求更容易使人放松。

凡有缩身、勾手动作的招式，一般都具有猿与猴的神韵。猿形与猴形很难区分，一般来说，凡两臂舒展，有攀援和通背动作的招势属于猿形，如单鞭、闪通背、海底捞针、白猿献果、玉女穿梭、单跨虎等动作都属于猿形。凡微缩身躯，动作机敏的招势多属于猴形，如顺手牵羊、肘底看捶、倒撵猴等动作。

五是鹅姿，主要学习鹅柔中带刚、亦柔亦刚的习性。细数腾挪太极拳中的白鹅亮翅一招，竟有九个之多，除了其中的两个是重复动作外，其余七个式式不同，可见其内容丰富、内涵深刻。

鹅是易激动的禽类，擅攻击其他动物。鹅在嬉戏与兴奋时，扇动双翅，引颈高歌，虽不及鹤姿之优美，倒也无拘无束，酣畅淋漓。鹅在攻击其他动物时，斜撑双翅，敛其毛羽，迈开双腿，伸长脖子，毫无畏惧地向前攻击。就连它不熟悉的人，只要你靠近它，它也照攻不误，正因鹅有这种习性，人们不仅把鹅当家禽饲养，有时还用来看家护院。鹅的这种习性，与其说是攻击行为，不如说是防御行为，因为相对于人和其他动物，鹅往往处于劣势，属于柔的一方，鹅的攻击行为属于为守而攻的柔中带刚行为。程高芳想这应该是先贤们取名“白鹅亮翅”的本意。

在腾挪太极拳中，也有“白鹤亮翅”一说。比较“白鹤亮翅”与“白鹅亮翅”，“白鹤亮翅”更注重鹤的轻松自然，仪态之优美，而“白鹅亮翅”则注重鹅柔中带刚的性格。程高芳个人认为，在“衩拖架”中，由于拳架较低，用“白鹅亮翅”比较适宜，因为鹅虽为鸟类，但不善飞行，长于地面奔跑，有“衩拖架”要求低的味道；在“软十三”和“超越架”中，用“白鹤亮翅”似乎更好，因为这两套拳架相对较高，特别是“软十三”要求轻松自然。

六是龙化，腾挪太极拳有“由低到高、由慢到快、由松沉缓慢到腾挪闪展”的变化规律，在低架锻炼阶段要注重“身动似蛇”，蛇有“小龙”之称，虽然匍匐于地，但很灵活，可谓“现龙在田”。在高架锻炼阶段，蹬踢踹跺、拳掌勾抓，穿蹦跳跃、闪展腾挪，“割拦瞒肘龙出现，上下翻云雷震天”，犹如“飞龙在天”。从“小龙”匐地到“上下翻云”，由“现龙在田”到“飞龙在天”，形象地反映了腾挪太极拳的变化规律。

以上论述仅是个人的一点浅见，不一定完全正确，仅供大家在学习时参考。腾挪太极拳的仿生行为还有很多，每个人都有不同的体悟和意境，可以根据自身的特点选择不同的动物行为，有目的地进行锻炼。如黄集体老师的外甥杜应时师弟，经常模仿《动物世界》栏目中的豹在奔跑时的慢动作，以锻炼下肢的力量和全身的协调性、稳定性。

最后需要强调的是，研究太极拳的仿生行为对学习太极拳虽有帮助，但毕竟不是全部，学习太极拳要从正确理解、掌握太极拳的要领和规律入手，从所学太极拳的特点入手，在这个基础上，再研究它的仿生行为，才能起到应有的促进作用，这就是本文标题为什么用“辅助”二字的原因。不然的话，画虎类犬，意愿与结果背道而驰，枉费工夫而得不偿失。

五、充满“意境”的腾挪太极拳

“咱们的拳盘架时要像大海里的浪一样，高低起伏，连绵不断，一浪连一浪；发劲时要像海浪哗、哗地拍打着海岸一样；引化时面前就像水在打着漩涡，能把对方融进去，进来就跑不掉。”这是黄集体老师对腾挪太极拳意境的描述。

“割拦瞒肘龙出现，上下翻云雷震天，雷响四方鬼神惊，起落虚实白鹤飞……大鹏顾盼虎下山，灵羊腾挪扑心掌”。这是在《腾挪拳谱》中对腾挪太极拳意境的描述。

如果打开百度，意境的释义为：借助形象传达出的意蕴和境界。它原指艺术创作所达到的一种令人感受领悟、玩味无穷却又难以明确言传、具体把握的艺术境界，它是形神情理的统一、虚实有无的协调，既生于意外，又蕴于象内。

关于太极拳的意境，其实早已有之，只不过是没有在理论上过多着墨而已，只是近期才逐步引起人们的注意。翻开太极拳的经典拳论、文章，不难发现有很多关于意境的描写散落其间，“一羽不能加，蝇虫不能落”“立如平准，活似车轮”“迈步如猫行”“腹中有轮，旋转循规”“心为令，意为旗，神为主帅，身为驱使”等。这些言简意赅、一目了然的经典拳论不仅是对太极拳意境的描写，更是学习太极拳的要领和准则，以及追求的目标，需要我们在学习太极拳的过程中深刻领会、默识揣摩。

如何对太极拳的意境进行定义？是否可以这样说：太极拳的意境是学拳达到一定境界后的形体动作与情景融合而在意识中的反映。与“艺术创作所达到的一种令人感受领悟、玩味无穷却又难以明确言传、具体把握的艺术境界”所不同的是，太极拳的意境应该是具体的、清晰的，能够准确反映太极拳的要领和准则。从这个概念出发，一个学拳者，只要按照太极拳的要领和准则持之以恒地练拳，就会产生意境，在不同的学拳阶段，会有不同的意境，随着学拳境界的不断提高，意境也会越来越丰富。形体动作与大自然相融合，会产生大自然中的江河、风云、雷电等意境；与动、植物相融合，会产生各种动、植物的意境。

不同的人会产生不同的意境，意境能增强学拳的趣味性，提高学拳的积极性，促进学拳者再上新的台阶，继而产生新的意境；意境蕴含着深刻的道理，蕴含着太极拳的特点和要领，用意境语言解释太极拳的特点和要领，能使学拳者更容易掌握和领会，取得事半功倍的效果，这是意境的主要作用。

要想产生意境，首先要按要领和准则学好拳，并且持之以恒，才具备产生意境的条件。其次是多体察名人、名家的意境，丰富提高自己的意境。产生意境是学好太极拳的开始，而且是良性循环的开始。

意境不是幻觉，与幻觉不同，意境是学拳者达到一定境界后在拳理认识上的升华，是用自然现象中的“物”说拳中之“理”，是借物说理，是客观世界中的自然现象。而幻觉则不然，幻觉可能是自己想出来的，是主观世界的东西，是学拳者在练拳的过程中想着如何出现意境而产生的幻觉，实际上是心不专一的结果，不仅对学拳没有帮助，反而影响学拳的质量。

关于腾挪太极拳的意境，由于笔者学拳不精、学识浅薄，不敢妄加评论，仅根据程高芳的老师黄集体先生在教拳过程中对意境的描述，以及与拳友们在交谈过程中得到的一些心得体会，来谈一谈看法。

总体来说，腾挪太极拳的意境是多方面的。

如果用水来形容腾挪太极拳的意境，那么“衩掩架”就如同大海之水，形如海中之浪，高低起伏，连绵不断；“软十三”就如同湖中之水，碧波荡漾，轻柔徐缓；“超越架”就如同山涧流水，时而跌宕起伏，时而飞流急下。

如果用动物来形容腾挪太极拳的意境，在“衩掩架”中有身动似蛇的意境、神似虎仪的意境和蓄如猕猴的意境；在“软十三”中有仙鹤飞翔、起舞的意境；在“超越架”中有飞龙在天的意境，大鹏展翅、俯瞰的意境和灵羊躲闪的意境。

关于灵台空明的意境。“灵”在这里指的是“心”和“脑”。腾挪太极拳是技术要求高、规则要领全面、演练难度较大的太极拳拳种。如果持之以恒地坚持锻炼，就会出现灵台空明的意境。这种意境的现象是：身心舒畅，头脑清明，神清气爽，大脑中犹如一片湛蓝的天空；前后胸腔及五脏六腑如清晰可视一般。这是腾挪太极拳在演练过程中，由于神情专注，以及大幅度的“领落开合”“螺旋起伏”运动，把身体内的各种废气统统排挤出去后产生的意境现象。

这仅仅是笔者在学拳的过程中听到的，只能是其中的一部分，腾挪太极拳的意境远不止如此，随着大家学拳的日益精进，境界的不断提高，一定会有更精妙的意境等着大家。

六、也谈太极拳的“放松”

拳师们在教拳时经常对学员说要“放松，放松”。可以这样说，“放松”贯穿于学习太极拳的整个过程，学习太极拳要从“放松”开始，经过长时间的演练，在“放松”中逐步去除拙力、本力，把“放松”由低级推向高级，由初学时在意念指导下的“放松”，逐步达到无需意念指导的自然状态下的“放松”。所以“放松”是一个过程，没有时间长短之分，只有质量高低之别，高质量的“放松”是学习太极拳的同道们共同追求的目标。

何为“放松”？简单地说，“放松”就是肌肉和韧带不僵硬、不紧张，不因为肌肉和韧带的僵硬、紧张而影响关节的正常活动，就叫“放松”。

那么为什么要“放松”，“放松”的重要性又是什么？

“放松”要松而不懈、松而不弛，是在具备掤劲条件下的“放松”。黄集体老师说：“放松是在力量达到一定程度上的放松，不是无条件的放松，没有掤劲的放松不会产生作用。”同时还说，“劲是柔出来的，就像揉面，越揉越有劲道”。我认为黄集体老师说的就是在具备掤劲条件下的“放松”，只有这样的“放松”，才能与松柔、松沉有机地结合起来，因为在这种条件下的松柔才会产生弹力，而且极柔软才会极坚刚；在这种条件下的松沉才能够使上体气不上浮，下盘稳固有力；在这种状态下练拳，方能起顿得势、流畅自然；在这种状态下应敌，方能起承转合轻灵圆活，闪展腾挪俱能应变，跌打摔拿运用自如，这就是“放松”的重要性。

我认为，太极拳的“放松”应包括意松、体松、形体松、点松和空松五个方面，且前者是后者的基础，后者是前者的提高。

意松：凡上场打拳，先立身站稳，此时要心平气和，不可紧张，心不紧张，意念自然平息，意念平息是达到意松的条件，有了这个条件，意念就放松了。

体松：初学拳者要在意念的引导下，使全身的肌肉、韧带相应地放松下来，长期锻炼者可自然放松下来。检验的标准是肌肉、韧带不僵、不硬，关节活动自如。

形体松：检验形体松的标准是一趟拳能否起顿得势、流畅自然、连续完整地练下来。如果有抽扯、凹凸、断续之形，就是形体不松，需要在老师的指导下按照太极拳的规则、要领一招一势、循规蹈矩地练拳，在“放松”中逐步去除拙力、本力，消除抽扯、凹凸、断续之形，继而达到形体放松的目标要求。

点松：经常听到有练拳者说“练拳时感到某个部位、某个点不顺”，这就是点不松的现象。点不松的现象不同程度地存在于每一个学拳者的身上，需要逐个进行纠正，纠正的方法是适当调整肢体的位置、动作的幅度，使那个位置、那个点达到顺随、放松的目标要求。点不松的现象需要自己发现和纠正，与形体不松需要老师的指导不同，而且每发现并纠正一次一个点不松的部位，都是对拳理认识的一次提高，对自己学拳境界的一次提高。所以，点不松的现象虽然普遍存在，但并不是每个人都能够体察得到，需要多学习拳理知识，多与他人交流，多体察名人名家的拳架，多思考自己的某些部位是否松不到位，才能体察到存在于自己身上的点不松的部位。

空松：前面的四个松都达到了，拳架外形流畅，给旁观者以“行云流水”的意境；内气鼓荡、循势而运，毫无阻滞，说明你已经接近了空松的境界。先贤孙禄堂大师诗曰：“空空静静最难求。”空松是最为难求的境界，是不下深工夫难以达到的境界，甚至是一辈子追求的目标。空松是高质量的放松，只有高质量的放松，才有高质量的松柔，希望同道们共同努力，相互促进，共同追求太极拳的空松境界。最后引述孙禄堂大师诗的全文作为本节的结束：“道本自然一气游，空空静静最难求。得来万法皆无用，形体应当似水流。”

七、腾挪太极拳的门规要求

习武之人必须具备武德，武德是武术赖以传承和发展的基础，是拳师选择传人的首要和必备条件。与其他太极拳一样，腾挪太极拳也有对传人在道德品质、行为规范等方面的门规要求，这个要求就是腾挪太极拳的《门规四则》：“心阴好斗者不传，人格低卑者不传，贪酒好色者不传，轻漏卖弄者不传。”这个门规要求虽然字数不多，但是言简意赅，内容明确，操作性强，容易在众多的学拳者当中甄别出可传与不可传之人。门规要求还有一定的感染、引领和教育作用，能使一些有不良行为的人在学拳过程中自觉修正不良行为，向道德高尚者看齐，自觉提高道德修养，由不可传之人成为可传之人。

当前，太极拳已经成为人们强身健体、休闲娱乐的众多方法之一，已经广泛地走向机关、社区、学校、企业、军营和农村，走向全国乃至全世界，成为很多人生活中的一部分。从推广普及太极拳的角度来说，与以武术为业的专业人士相比，门规要求似乎已经不是十分重要，但是仍然有其现实意义，教拳者可以把门规要求与公民道德教育、素质教育和法制教育相结合，使学拳者在学拳过程中不仅提高身体素质，同时提高道德修养和法律意识，把教拳过程转化为传递社会正能量的过程。

出于以上目的，当代腾挪太极拳的传人在教拳和成立有关组织的过程中，都以《门规四则》为蓝本，结合当前的时代要求，制定了很多学员应遵守的行为准则与要求，作为教拳和成立有关组织的规章制度。下边是在温县南张羌太极拳腾挪架研究会抄录的《温县腾挪太极拳研究会会训》，供大家学习时参考。

一、遵守党纪国法，遵守社会道德风尚。

二、弘扬太极拳文化精神，强身健体，修心养性，继承和发展腾挪太极拳的文化遗产。

三、学拳不可欺压他人，否者不可学拳。

四、学拳不可盗窃霸行，否者不可学拳。

五、学拳不可争强斗狠，应以拳会友，互相交流，否者不可学拳。

六、学拳者应敬老爱幼，不孝敬父母者，不可学拳。

七、学拳者先要正身，修拳养德，陶冶情操，清除杂念，心静安舒，不可狂妄，方可学拳。

第七章　腾挪太极拳源流传承

腾挪太极拳也叫李作智太极拳，是由一代宗师李作智所创。自前清同治七年（1868年）李作智拜一代宗师陈清平学拳开始，世代相传，迄今已有一百五十余年的历史。

第一节　腾挪太极拳源流传承概况

李作智，字镜心，生于1844年，卒于1914年，河南省温县南张羌村人，是太极拳一代宗师陈清平的五大著名弟子之一。相传李作智是清代武庠生，痴迷武术，遍访名师，常与人较技。19世纪末，在师传武艺的基础上，结合自己多年习武对阵的心得体会，创编了一套适当增加左手运动，强调双手并重，拳法更加灵活，注重下盘功夫锻炼，身形起落幅度更大的太极拳套路，即为"腾挪太极拳"。

该拳套路以低架见长，身桩下扎，拳走低架，领落开合，旋转起伏，松沉兼备，气势磅礴。讲究丹田内转，处处裆胯带动，身法立身中正，步法虚实分明，体用一致，技理相合，有着不同于其他太极拳的风格与特征。行拳走架时高低起伏、节奏明显，如大海之浪，起伏连绵；弹抖发力如击岸之浪，势不可挡。

李作智家有薄产，耕读持家，晚年著书立说，著有《太极拳讲述》传世。其传道授业，先后在温县的南张羌、西南冷、杜庄等村教拳。传人中著名者有李镐、周瑞祥、郭炳光、周旭、赵振绪等人。

清光绪二十九年（1903年），正是列强瓜分我国领土、中国大革命的前夕，很多进步青年都对中国的前途和命运进行思考和探索。有的学医以济世，有的学文以救国，有的习武以图强。当时还属于沁阳县清化镇监军庄村人的王明槐，拜请李作智到清化镇监军庄传拳。从此，腾挪太极拳走出温县，在博爱县生根开花，硕果累累。王明槐也成为李作智的著名弟子之一。

1930年，王明槐在家乡监军庄村创办武学，从学者多人，著名者有义子黄天佑、侄子王广甫以及族人王作温、王立本、王宝信、王宏儒等人。其中王广甫后来从军成为国民党驻新乡部队的武术教官。期间王明槐还到山西省太谷县传拳。

1931年，李镐、周瑞祥、郭炳光带领徒弟李在荣、王莲堂等赴省城开封参加国术比赛，取得优异成绩。李在荣、王莲堂分别获弯刀一把和宝剑一对的奖品。

在此期间，赵振绪也开始外出传拳，其著名弟子有济源人李宗有。后来李宗有到西安和咸阳等地传拳，从此腾挪太极拳开始在陕西省传播。

2008年，河南省博爱县率先成立“博爱县腾挪架太极拳研究会”，并注册开通了“腾挪太极网”，开始通过社会和媒体宣传腾挪太极拳。

2009年，河南省温县人民政府把由南张羌村申报的“太极拳腾挪架”列入温县第二批县级非物质文化遗产名录，详见《关于公布第二批县级非物质文化遗产名录的通知》（温政〔2009〕3号）。

2011年，在河南省焦作市委宣传部、焦作市文联编著出版的《神秀焦作·太极拳卷》中，腾挪太极拳正式作为一个流派收入其中，成为官方认可的太极拳流派之一。

现在，腾挪太极拳在代表人物李长玉、李群虎、刘盘、黄集体、李纪兴、张长林、张顺林、来小平等人的带动下，已广泛传播于北京、上海、西安、成都、郑州、安徽、江西、陕西等省会和各大城市，逐步成为一个有影响力的太极拳流派。

第二节　腾挪太极拳主要传人简介

一、李作智（腾挪太极拳创始人）

李作智（1844—1914年），男，字镜心，河南省温县南张羌村人。腾挪太极拳创始人，师承太极拳宗师陈清平，为陈清平著名弟子之一，文武兼备，功夫纯青。在师传拳艺基础上，遍访名家，结合自己多年习武对阵心得，创编了一套“腾空挪移”“旋转走化”“领落开合”“技重下盘”“擅走立圆”的架势，被称为“腾挪太极拳”。传人主要有李镐、周瑞祥、郭炳光、王明槐、周旭、赵振绪等。著有《太极拳讲述》等书籍传于后世。

二、李镐（腾挪太极拳第二代传人）

李镐，腾挪太极拳第二代传人

李镐（1882—1937年），字武步，河南省温县南张羌村人，腾挪太极拳第二代传人，李作智族侄、大弟子。自幼天赋聪慧，酷爱武术，16岁随李作智学拳。经多年悉心苦练，尽得真谛。1931年，与师弟周瑞祥带领众弟子赴开封参加国术比赛，取得优异成绩，从此名声大振。后分到焦作教武术。传人有弟子李在荣、王莲堂，及子李景华等。

三、周瑞祥（腾挪太极拳第二代传人）

周瑞祥（1884—1947年），河南省温县南张羌村人，腾挪太极拳第二代传人，李作智弟子。出身贫苦，心地善良，为人忠厚，自幼酷爱武术。稍长，即拜李作智为师学习腾挪太极拳。因他学习刻苦，又勤奋自律，深得师傅厚爱，成为李作智众门徒中的佼佼者。1931年，他与师兄李镐一起带领众弟子赴开封参加国术比赛并取得优异成绩。他的太极拳功夫达到炉火纯青境界，一生经历极具传奇色彩。直到今天，还流传着“擂台勇夺魁”“绝技惊顽匪”“神功退倭兵”等很多精彩故事。传人弟子李步龙、李景森及三子周温等。

周瑞祥，腾挪太极拳第二代传人

四、王明槐（腾挪太极拳第二代传人）

王明槐（1885—1956年），河南省博爱县监军庄人（监军庄在民国后隶属沁阳市），腾挪太极拳第二代传人。1903年拜李作智为师学习本门拳法，在博爱县的再传弟子有黄天佑，侄儿王广甫、图王村的王作温等人。民国年间，王明槐在山西太谷县教拳。

五、黄天佑（腾挪太极拳第三代传人）

黄天佑（1916—1977年），河南省沁阳县人，腾挪太极拳第三代传人。因王明槐无子嗣，过继给王明槐为义子，后定居博爱县狄林村。传人有其子黄和平、黄集体，侄子黄国庆、黄跃进等。新中国成立以前，一年秋季大旱，颗粒无收，闹起了饥荒，地里的野菜也挖光了。很多村民找黄天佑想办法。有人说“邻村一个老财家里有粮，就是不外借，能不能给大伙弄点儿，渡渡饥荒”。黄天佑想了想，就与大伙一块去老财主家借粮。看到这么多人来借粮，老财主死活不借。黄天佑一时性起，抓起粮仓门锁，身子往下一沉，只听“咯叭”一声，手指粗的锁环就折断了。大伙儿一哄而上，老财主一看知道对方功夫十分了得，当时就傻眼了，只好同意借粮。

六、王广甫（腾挪太极拳第三代传人）

王广甫，河南省博爱县监军庄人，腾挪太极拳第三代传人。自幼随叔叔王明槐学艺，功夫纯青。传人有黄集体等。

七、李在荣（腾挪太极拳第三代传人）

李在荣，腾挪太极拳第三代传人

李在荣（1902—1968年），河南省温县东南冷村人，腾挪太极拳第三代传人。师承李镐，兼得师叔周瑞祥传授，太极拳技术达到很高水平。1931年，随师父赴开封参加国术比赛，取得优异成绩，获得奖品宝剑和弯刀各一把。比赛返家后，很多人慕名求教，他都耐心讲解，亲自示范，不厌其烦，吸引更多的人远道而来。1957年，他赴西安居住半年多，慕名前来学拳者更是络绎不绝。

八、李景华（腾挪太极拳第三代传人）

李景华，腾挪太极拳第三代传人

李景华（1918—2004年），字景周，乳名木头，河南省温县南张羌村人，腾挪太极拳第三代传人，李镐之子。自幼随父习拳，功夫纯厚，精通拳理。1934年随师兄宋铁英赴武汉教拳谋生。1937年，日寇侵华，从军抗敌。在上海保卫战中，右脚负伤，留下残疾。后随抗日军队转战南北，直到1951年返乡。当时，经历多年战乱，百废待兴，李作智传下的腾挪太极拳更是后继乏人。他主动担当起了这一太极拳流派的传承重任，对慕名前来学拳者悉心教导，传人众多。腾挪太极拳第四代传人中很多都得益于他的启蒙和传授。1964年在温县举办的太极拳表演赛中担任裁判。1983年在陈家沟参加温县第一届武术挖掘整理老拳师会议。

九、秦作书（腾挪太极拳第三代传人）

秦作书，腾挪太极拳第三代传人

秦作书（1896—1971年），河南省温县北冷乡西南冷村人，腾挪太极拳第三代传人。师承周瑞祥，兼得师伯李镐传授。天赋异禀，为人忠厚，深受师父喜爱。师辈的悉心教导，再加上自身的刻苦练功和细心体悟，功夫达到上乘境界，能化解各种招式，不论明来暗袭，皆可击对手于无形之中。传人众多，最著者为刘喜重。在日寇侵占温县期间，曾用智慧和技艺击退入村之敌。

十、李景森（腾挪太极拳第三代传人）

李景森，腾挪太极拳第三代传人

李景森（1911—2001年），河南省温县南张羌村人，腾挪太极拳第三代传人。自幼随师父周瑞祥和族叔李镐习拳，经过多年磨炼，深得真传。在拳架套路上，身法轻盈，架势周正。擅长推手和走化，但每次与人切磋，点到为止，让人心服口服。他与族弟李景华一起，立志将李作智所创拳架发扬光大，为腾挪架的传承立下汗马功劳。20世纪80年代，多次带队参加县里组织举办的太极拳赛事。在他的直接指导下，第四代传人周卫新、第五代传人任国胜均曾获得优异成绩。他待人真诚，深得大家好评，传人众多。第四代传人李群虎、周国生、李国胜、郑晓东均得益于他的悉心指导。

十一、刘喜重（腾挪太极拳第四代传人）

刘喜重，腾挪太极拳第四代传人

刘喜重（1916—1990年），河南省温县西南冷村人，腾挪太极拳第四代传人。秦作书弟子。他在太极拳上造诣很深，是第四代传人中的佼佼者。秦作书逝世后，他遵师遗训，承担起代师传艺的重任，腾挪太极拳的第四代传人中，很多人兼得刘喜重亲传，不少第四代传人对其以师相称。

十二、腾挪太极拳当代主要传人

1. 黄集体（腾挪太极拳第四代传人）

黄集体，字先信，1958年6月生，河南省博爱县狄林村人，腾挪太极拳第四代传人。其父黄天佑，是腾挪太极拳创始人李作智先宗师亲传弟子王明槐的义子，因王明槐无子嗣，收其爱徒黄天佑为义子。所以腾挪太极拳对黄集体来说也算是家传拳法。

黄集体在其父亲引导下，从小就开始学习太极拳，受其家风影响，逐渐养成了酷爱武术的习惯。16岁时，拜监军庄村王明槐的又一弟子王广甫为师，全面学习腾挪太极拳。1976—1978年间，腾挪太极拳传人李景华、刘喜重听说黄集体学拳认真刻苦，就多次从温县到博爱县黄集体家中，与黄集体父亲黄天佑、老师王广甫一并对其进行教授，深得各位老师的真传。

黄集体练武非常刻苦，每天半夜时分练拳三十余遍。每当结束时，地面已被汗水淋湿。狄林村东头有一条一里多长的土路，每天清晨他在这条路上，去时野马分鬃、回来时倒撵猴。每天来回两次，如此这般先后七年之久，为其功夫打下了坚实的基础。2007年，黄集体参加湖北省在武当山市举行的传统武术比赛，比赛分为“名人名家”“一般学员”两种，他一举夺得“名人名家”比赛金牌。回到博爱县后，博爱县电视台、焦作电视台《零距离》栏目专门对其进行了采访报道。

2008年，同为腾挪太极拳传人的李坤承在博爱县任职期间，与黄集体及博爱县的其他传人共同组建了博爱县腾挪架太极拳研究会，黄集体当选为会长。

黄集体性格开朗，为人爽快，来者不拒，只要登门学拳者，都尽心传授。在家乡从其学者有数百人。现在黄集体常年在四川成都授拳，为推广、宣传腾挪太极拳作出了重要贡献。

2. 刘盘（腾挪太极拳第四代传人）

刘盘，1947年出生，河南省温县冷乡西南冷村人，腾挪太极拳第四代传人，刘喜重之子。自幼酷爱武术。其父因担任村干部，整日忙于工作，于1960年令其拜秦作书为师学腾挪太极拳。他追随师父学艺前后达十多年，直到师父故去，兼得父亲所传。他思想开放，多方求教，太极拳技艺得到了李步龙、李锦森、李景华、焦克俭等多人指导，也曾得到陈照丕等人指点。刻苦练功，从不懈怠，几十年如一日，在太极拳技击和理论上达到了一定造诣。

3. 李群虎（腾挪太极拳第四代传人）

李群虎，1954年生，河南省温县南张羌村人，腾挪太极拳第四代传人。师承李景森、李景华、刘喜重，国家一级拳师。自幼爱好武术。17岁开始跟随族祖李景森、李景华学习腾挪太极拳。数年后，经二位族祖介绍，从刘喜重习艺。其兼得多位师父悉心授艺，精于推手，擅长走化，于太极拳技击和理论均有较深造诣。为了有效保护腾挪太极拳，使腾挪太极拳这项非物质文化遗产传承下去，李群虎积极参与腾挪太极拳的申遗工作。2008年，腾挪太极拳被列为焦作市非物质文化遗产。1978年起李群虎开始传授太极拳，其徒弟任国胜曾在中国温县第二届太极拳年会70公斤级的推手赛中获得第二名。2009年8月，获国际太极拳文化传播大使、金领大使称号。2010年5月，被聘为太极拳晋城推广特约宣传大使。2009年至今，李群虎在南京授拳。

4. 李长玉（腾挪太极拳第四代传人）

李长玉，1948年出生，河南省温县南张羌村人，腾挪太极拳第四代传人。李景华的大儿子，自幼继承家传。

1960年随父学习腾挪太极拳，经过多年磨炼深得真传，在拳架套路上身法轻灵，架势周正。曾在1964年温县太极拳表演中取得优异成绩。为了有效保护腾挪太极拳这项非物质文化遗产的传承和发展，自发组织成立了温县太极拳腾挪架研讨会，并被推选为会长。为了有效地传播腾挪太极拳成立了业余武术馆，并担任馆长。现有学员四十余人。

5. 李德珍（腾挪太极拳第四代传人）

李德珍，1958年出生，河南省温县南张羌村人。出生于太极拳世家，自幼爱好太极拳，12岁起开始跟随叔祖李景华学习家传腾挪太极拳，也师从于腾挪太极拳名家李景森、刘喜重等，为人谦和，勤奋好学，得到多位老师的亲传，受益匪浅。1978年上大学从事医疗工作后，仍不懈努力习练太极拳，运用人体生理解剖学、运动力学、中医学等医学理论知识，结合太极拳拳理，探索习练太极拳修身养性、通经活络、强身祛病、延年益寿的功效，并教授学生百余名，在医理和太极拳文化的交融研究中颇有心得。

6. 程高芳（腾挪太极拳第五代传人）

程高芳，1961年出生，河南省博爱县阳庙镇人，腾挪太极拳第五代传人，博爱县住房和城乡建设局工作人员。中国武术协会、河南省武术协会会员。与李坤承合作出版了《腾挪太极拳》一书。

7. 李坤承（腾挪太极拳第五代传人）

李坤承，1970年出生，河南省温县北冷乡东南冷村人，腾挪太极拳第五代传人。中华中医学会会员、中华文化基金会本能论公益基金管委会副主任、中医学学士。国医大师本能论的创造者郭生白的中医弟子。太极拳师承刘喜重、刘喜旺、黄集体，温县太极拳腾挪架研究会顾问、温县太极拳研究院名誉院长、博爱县腾挪架太极拳研究名誉会长。与程高芳合作出版了《腾挪太极拳》一书。

8. 李纪兴（腾挪太极拳第五代传人）

李纪兴，腾挪太极拳第五代传人，出生于腾挪太极拳世家，自小随父亲李庆国学拳，至今已三十余年，基本功扎实，功夫纯厚。曾在深圳、西安、郑州、合肥等地教拳。于2005年4月到上海传授腾挪太极拳。2009年8月，获国际太极拳文化传播大使、金领大使称号。

9. 吴国庆（腾挪太极拳第五代传人）

吴国庆，河南省博爱县人。师承黄集体。学拳认真，常年不辍，勤学好问，招招式式，一丝不苟。在短短的几年中，对腾挪太极拳以及太极拳文化有较深的理解与体悟。柔和自然，大开大合，动静相称，外若处女，内似金刚，儒雅潇洒，舒展大方。

10. 郭启贵（腾挪太极拳第五代传人）

郭启贵，河南省博爱县人。从2006年起，先后学习过杨式太极拳、五禽戏。2008年师承黄集体。其善思好学，每天坚持练习太极拳，常年不辍，还经常拜访太极拳名家求教。经过几年的习练，提高了身体素质，精力旺盛，提高了工作效率。注重太极拳文化与中医养生的结合，对太极拳也有较深的感悟。

11. 周春旺（腾挪太极拳第五代传人）

周春旺，河南省博爱县人，出生于中医世家，中华太极拳优秀传承人。其先后学习了陈式太极拳老架、小架。2008年又跟随腾挪太极拳传人黄集体研习腾挪太极拳。其为人坦诚、虚心好学、思想豁达，在太极拳身法、劲法及招法上颇有感悟。

附：腾挪太极拳传承表（图片来源于温县南张羌太极拳腾挪架研究会）

第一代：李作智

第二代：赵振绪　周瑞祥　李　镐　郭炳光　王明槐

第三代：李宗有　焦克俭　秦作书　周　温　李景森　李步龙　李景华

李应品　李在荣　王莲堂　申武功　王广甫　王作温　黄天佑

第四代：李小龙　李联会　李永红　李平原　李德义　李思斯　李思畅　李永思　李永山　李正达　张顺林　张长林　焦留柱　秦　土　郭福全　陈怀玉　程新强　孙超乾　孙超玲　刘德忍　刘喜旺　刘喜重　吉君干　刘国军　许文国　周新生　周国生　李群虎　周卫新　刘长兴　郭天平　李国胜　苗贤武　田宝兴　任松安　任国胜　李长玉　李红玉　郭太和　李德珍　邓晓东　李德虎　李明虎　任更有　周小三　任天柱　王珂拉　王小五　王占营　周雨生　李元村　李金龙　李庆福　李庆国　郑瑞祥　申绍祖　申绍祥　申天力　申三胜　申四胜　申汝全　申三红　申克文　黄集体　黄国庆

第五代以后传人待续。

太极拳腾挪架传承简表

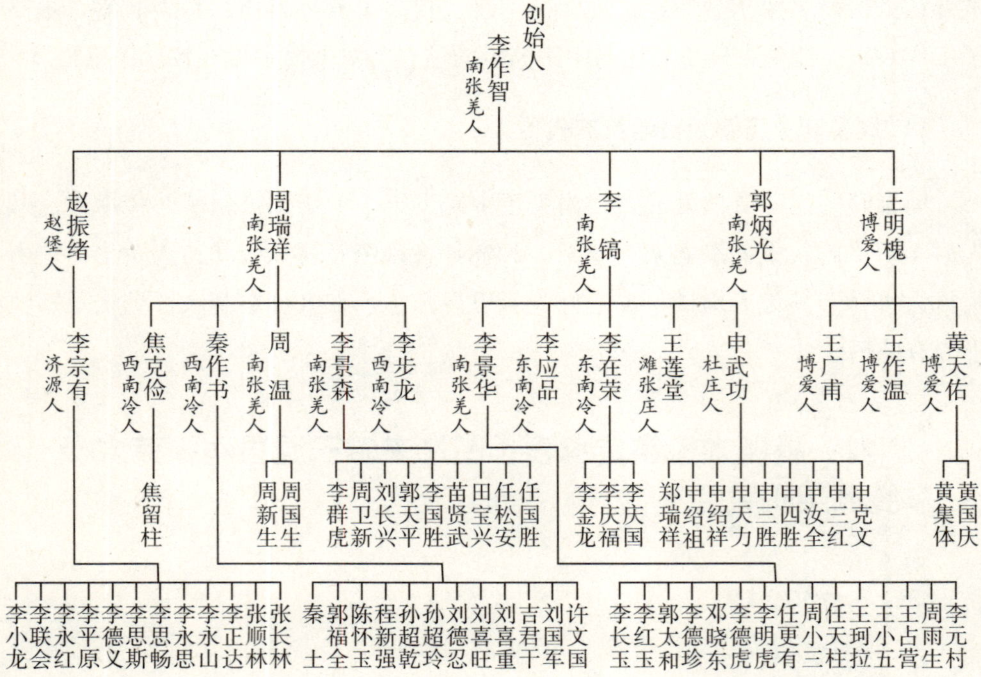

第三节　博爱县腾挪太极拳发展述要

河南省博爱县在历史上夏属覃怀郡，商属畿内郡，周武王属野王邑，秦属野王县，东汉属河内郡，隋朝改称河内县，历唐宋元明清虽略有变动，但多以河内县称之。直到民国二年（1913年），河内县更名为沁阳县，管辖范围包括现在的沁阳市、博爱县和焦作市的一部分。

民国十六年（1927年）冯玉祥主政河南时，根据吉鸿昌将军的呈请，将沁阳县东北部丹河以东四乡十五图以及崇下乡四图的部分村庄划出。取孙中山“自由、民主、平等、博爱”中的博爱，增设博爱县，治所清化镇。

博爱县位于黄河支流沁河以北，太行山南麓，这个地区包括现在的焦作市管辖的各县（市）、区以及济源市在内，整个区域好像一个“牛角”，所以历史上称这个地方为“牛角川”。它北靠太行屏障，南临黄河天险，东瞻豫鲁平原，西望伊洛、函谷雄关，历来为兵家必争之地。武王伐纣在此经过，汉高祖在此屯兵扎营，曹操北征高干，在此留下《苦寒行》，明大将常遇春在此与元朝军队激战。

历史上的战乱给这里的人民带来了无数的灾难，也迫使人民必须发奋图强、自我防卫。所以这里历来尚武之风浓厚，流传着很多民间武术，如“软十三”“炮拳”“通背拳”“八极拳”“洪拳”“六合神枪”等，很多村自发组织起“红枪会”，人们在劳动之余多以武术作为健身和娱乐活动，春节期间的民间娱乐也多以武术套路或器械表演为主。

2015年，博爱县被评为“武术之乡”。如今，在博爱县流传有多家质朴、瑰丽的民间武术拳种，腾挪太极拳就是其中一朵清新的花朵。

博爱县腾挪太极拳研究会成员参加焦作国际太极拳年会留念

博爱县腾挪太极拳研究会成员参加焦作市组织的“共享太极，共享健康”，
世界百万太极拳爱好者共同演练挑战吉尼斯纪录活动留念

博爱县在当代腾挪太极拳发展中具有重要的地位与影响，王明槐与黄集体则对于博爱腾挪太极拳的发展发挥了关键作用。

一、王明槐为腾挪太极拳在博爱县的传承奠定了基础

王明槐，腾挪太极拳第二代传人

清光绪二十九年（1903年），正值列强瓜分我国土、中国大革命的前夕，很多进步青年都在对中国的前途和命运进行思考和探索，有的学医以济世，有的学文以救国，有的习武以图强。

王明槐（1885—1956年）就是其中的一个。王明槐是博爱县监军庄人，已经18岁的他怀着对国家前途的担忧，怀着对列强瓜分我国领土的愤懑，毅然走出家门，踏上拜师学艺、报效国家之路，拜一代宗师李作智（1844—1914年）学习太极拳。王明槐学拳非常认真，对自己要求严格，白天腿上绑铁瓦，晚上睡“好汉床”， 每天练拳三四个时辰，短时间内拳艺就达到炉火纯青的地步，成为腾挪太极拳的著名传人。功夫之深，令人惊叹！他能坐在太师椅上，用“千斤坠”功夫将椅腿子压到土里；同样是坐在太师椅上，能将来袭之人用脚尖挑起来，从人群上边扔出去；有人开玩笑拧他的耳朵，只见他一甩头，那个人竟然被摔了出去。在他三十八九岁的时候，已成为名冠一方的武术大师。

王明槐成名后，经常有人找他比武，他都是点到为止，从不伤人。当地一个擅长炮拳的拳师，要与他比武。每当那人打来，在外人看来，王明槐只是闪身躲过，但那人却每每倒地，连续几次都是这样，感到莫名其妙，从此不再找王明槐比武。

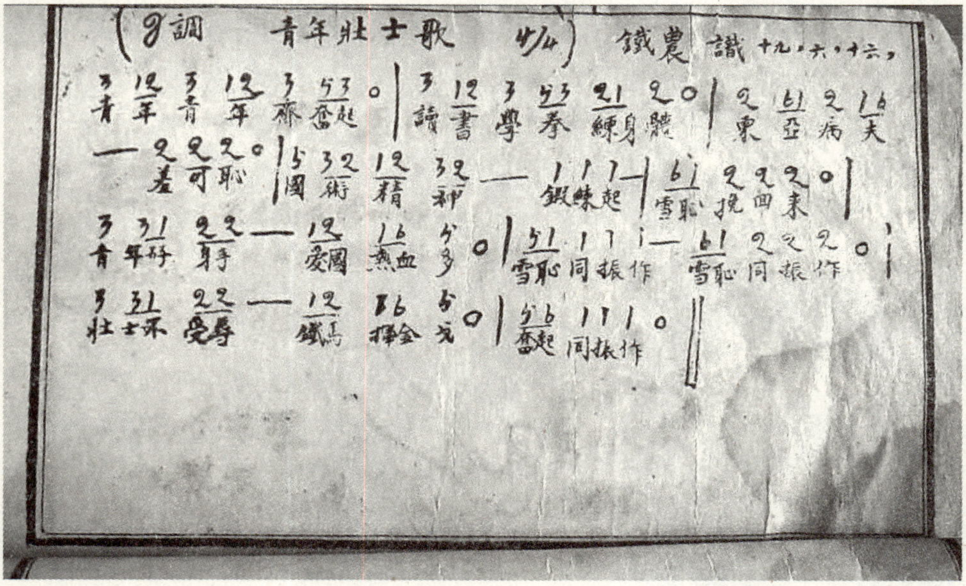

青年壮士歌

“青年青年齐奋起，读书学拳练身体，‘东亚病夫’羞可耻，国术精神锻炼起，雪耻挽回来。青年好身手，爱国热血多，雪耻同振作，雪耻同振作，壮士不受辱，铁马挥金戈，奋起同振作。”这是民国十九年（1930年）刊登在国术教育书籍上的《青年壮士歌》，当时很多有志青年在这首歌的引领下走上了习武报国之路。王明槐也在这首歌的感召下，决定用平生所学教授乡邻子弟，使大家共同强身健体、报效国家。于是就在家乡开办武学，开门授徒，在他所教的弟子中，就有人后来参加了国民革命军，有的还当了武术教官。

王明槐开门授徒后，一时间学者甚众，以监军庄为中心，清化、许良、屠王、狄林、上庄、苏寨等周围村的一百多名青年前往学习，拳声震震、刀剑闪闪，培养了很多武术人才。其中黄天佑、王广甫、王作温、王立本、王保信等人拳艺最好。从此腾挪太极拳在博爱县生根开花，发扬光大，并以博

黄天佑，腾挪太极拳第三代传人

爱县为中心，向沁阳、山西等地传播。期间王明槐还到山西太谷县传拳。

黄天佑（1916—1977年），腾挪太极拳第三代传人。河南省沁阳县人。在学拳期间被王明槐收为义子，后定居博爱县狄林村。功夫纯厚，擅长功法锻炼，能只手拧断铁包锁的锁环。爱抱打不平，在当地多有义举。传人主要有侄子黄国庆、黄跃进，儿子黄和平、黄集体，狄林村人吕丙祥、吕桂林。

王广甫，腾挪太极拳第三代传人

王广甫（1918—1989年），腾挪太极拳第三代传人。河南省博爱县监军庄人。王明槐的侄子，16岁随叔父学拳，刻苦认真，颇具叔父之风，爱好梅花桩功法锻炼，同样是白天腿上绑铁瓦，晚上睡“好汉床”，数年不断，与人比武常常是点到为止，从不伤人。他在火车站当搬运工期间，有一个擅长长拳的刘姓拳师要与他比武，王广甫推让不过，只得与他比试，那刘姓拳师招招凶险，均被王广甫化解，刘姓拳师见王广甫并不出招，只是化解，以为胆怯，就放心大胆，只管打来。这时只见王广甫一个“扩七星”化掉对方来拳，一个黑虎掏心直取对方胸口，那人躲闪不及，以为这下坏了，就在手忙脚乱之间，王广甫把拳停在他的胸前，并未伤及对方，这下对方心服口服，从此不再找王广甫比武。现在监军庄的传人多为王广甫所传，主要有王六有（1943—1996年）、王庭良、王庭会、王六重、王庭国、王庭恭、王庭杰、王庭健、王浩，及狄林村人黄集体、吕丙祥。

王作温（1904—1986年），腾挪太极拳第三代传人，河南省博爱县屠王村人。功夫纯厚，功力过人，300多斤重的石碾盘，仅用两手的中指和食指抠住石碾盘两侧的铁环，就能搬上搬下。在生产队期间，180斤重的麻袋，其他人都是俩人抬一包，他是两手一捧，抱起来就走。因为历史的原因，“文革”期间出走山西省太原市。主要传人有屠王村人王道武、王有学、王有哲、王胜占、王道海、王道龙、王志中。

王立本，腾挪太极拳第三代传人

王立本（生卒年不详），腾挪太极拳第三代传人，河南省博爱县监军庄人。擅长太极拳散手，腰部捶，爱使长枪。因经常穿一身蓝袍，外号“小蓝孩”。当时北边的山上常有土匪下山骚扰百姓，只要听到“小蓝孩”来了，土匪往往落荒而逃。主要传人有王六均（生卒年不详）。

王保信，腾挪太极拳第三代传人

王保信（1920—1989年），腾挪太极拳第三代传人，河南省博爱县监军庄人。热心于太极拳的传播，监军庄的传人多是在他的组织、督促下学拳有成的，为腾挪太极拳的发展作出了一定贡献。主要传人有王六重、王树平、王树龙等。

二、黄集体为腾挪太极拳在博爱县的薪火相传发挥了重要作用

黄集体，又名黄先信，腾挪太极拳第四代传人。1958年生，河南省博爱县狄林村人，黄天佑的第五个儿子。自幼受家风熏陶，酷爱武术，首先随父

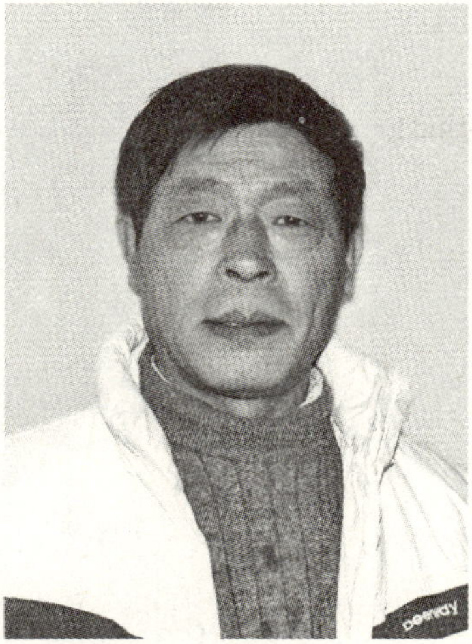

黄集体，腾挪太极拳第四代传人

亲学习腾挪太极拳，1973年拜监军庄王广甫为师，系统学习本门拳术，1980年又追随李景华（1918—2004年）继续深造。每天练拳4～5个小时，喜欢练习反手开合桩与喝气桩，在动功锻炼方面效仿先宗师李作智。狄林村的东头有一段约一华里长的土路，他每天早上“野马分鬃”去，“倒撵猴”回，前后长达七年之久，打下了深厚的武术功底。他年轻时，能在腋下夹住一个人，在一米宽的河上跳来跳去；能用肚皮发劲，把人弹出去；能把气运到身体四肢，任人用棍子敲打。

腾挪太极拳在博爱县有过辉煌，也有过低谷，特别在“文革”期间，武术因为被列入“四旧”之内而被禁止，拳师们不再练拳，更不敢教拳，甚至因为教拳而受到牵连，奔走他乡，很多民间武术因此而失传。腾挪太极拳也与其他武术一样，人才凋零，“濒临失传”。

改革开放后，国家非常重视民间非物质文化遗产的传承与发展，采取挖掘、整理、保护同步发展的措施，各种民间文化如雨后春笋，重新破土成长。腾挪太极拳也和其他太极拳一样，迎来了明媚的春天，在改革春风的吹拂下，再次发芽成长。

黄集体在这里起到了承前启后、薪火相传的作用。黄集体性格直率，对学拳者来者不拒，只要愿意学习，他都认真教授。正是黄集体的传拳授艺，才使腾挪太极拳能够在博爱县传承和保存下来，使这一珍稀拳种再次发扬光大。

在黄集体的引领和带动下，腾挪太极拳在博爱县已经从十年前的“濒临失传”走上了全面恢复的道路。现在博爱县的传人多为黄集体直接或间接所传，学拳人数达数百人，不仅有了一支基本队伍，还培育了一批相对优秀的拳师人才。监军庄的王克昌、王天勇，狄林村的吕小三、吕二兵、黄红军，屠王村的张子祥，前辛庄村的杜应时，杨中道村的吕合成，博爱县水利局的郭启贵、周春旺等人都在农村和社区教拳。

2013年以来，程高芳先后受邀在博爱县建安公司、房管局、商务局、住建局，焦作市中站区政府、龙翔办事处、焦作市解放区等地授拳；黄集体的递帖弟子田永林在沁阳市山王庄镇、西向镇开馆授拳，影响很广；2016年，吕小三受邀到新乡授拳，周春旺受邀到江西省赣州授拳；黄集体老师本人也在2009年受邀到成都授拳，2016年11月，四川省武术协会授予黄集体“四川省传统武术名人”称号，其传人也成立了“四川省腾挪太极拳研究会”。

现在，腾挪太极拳正逐步从博爱县向周边县市乃至全国传播，逐步成为有影响力的武术拳种之一。

三、博爱县腾挪太极拳传承大事记

清光绪二十九年（1903年），王明槐拜李作智为师，学习腾挪太极拳。

民国十九年（1930年），王明槐在监军庄办武学，开门授徒。

1973年，黄集体拜王广甫为师学习腾挪太极拳，1980年以后开始传拳。

2007年，黄集体参加湖北省武当山举行的传统武术比赛，获得比赛（名人名家）金牌。

2007年，焦作市电视台《零距离》栏目、博爱县电视台对腾挪太极拳在博爱县的传承与发展情况进行采访报道。

2008年，“博爱县腾挪架太极拳研究会”成立，并注册开通了“腾挪太极网”。博爱县的腾挪太极拳爱好者从此开始有组织的宣传与活动。

2009年，黄集体到四川成都传拳。

2012年，“博爱县腾挪架太极拳研究会”在农历正月十四举办首届“博爱县腾挪太极拳交流大会”。共有来自温县、沁阳市、博爱县的6支代表队100多人参加。

2012年12月，“博爱县腾挪架太极拳研究会”按照博爱县体育局“对各体育协会进行规范，重新成立”的要求，再次登记成立。

2013年，程高芳、李坤承合作编著的《腾挪太极拳》一书出版发行。

2015年8月，“博爱县腾挪架太极拳研究会”率队参加“焦作市国际太极拳年会”传统武术展示大会。10月18日，参加焦作市组织的“共享太极，共享健康”世界百万太极拳爱好者共同演练活动。

2015年10月，“成都腾挪太极拳协会”率队来到博爱县，与“博爱县腾挪架太极拳研究会”成员开展交流活动，博爱县电视台现场报道。

2016年1月，“博爱县监军庄王明槐腾挪架太极拳研究会”挂牌成立。

2016年，组织开展腾挪太极拳申请非物质文化遗产工作。

2016年11月，四川省武术协会授予黄集体“四川省传统武术名人”称号，并成立“四川省腾挪太极拳研究会”。

附：博爱腾挪太极拳传人名单

一、第五代传人名单

1. 第四代传人王六有（1943—1996年）的传人名单

申金魁　毕小当　王天宇　王天哲　王克昌　王天勇　吕合成　王天高　王天伟

以上多人现在追随第四代传人黄集体学拳。

2. 第四代传人王六均（生卒年不详）的传人名单

王天际，现在追随第四代传人黄集体学拳。

3. 第四代传人王道武的传人名单

张子祥　王红星　王力　王伟才

4. 第四代传人黄集体的传人名单

（1）焦作市的传人名单

吕务民　杨利保　杜应时　宋桂林　吕有才　吕前进　吕有良　吕小兵　吕二兵　吕小三　苏小中　吕平礼　黄红军　苏小联　王光辉　王贺林　侯毛毛　田永林　吴国庆　郭启贵　李坤承　刘金晨　周战营　周春旺　程高芳

（2）成都市暨全国的传人名单

吴凤琴　邓开来　朱宏杰　殷成贵　伍晓娟　王　洪　王　宇

敬木林　张祖明　欧艳平　陈　萍　吴明富　徐明全　辜汉刚

胡卫东　张小宇　周小利　李华平　丁　强　向云波　秦凌飞

杨新生　李继华　胡同礼　宋喜民

二、第六代传人名单

1. 第五代传人程高芳的传人名单

程明瑄　于凤龙　程俊文　梁　肖

2. 第五代传人周春旺的传人名单

张小静

3. 第五代传人吕小三的传人名单

吕兴宇

4. 第五代传人王克昌的传人名单

王志港

5. 第五代传人王天勇的传人名单

王新年

6. 第五代传人李坤承的传人名单

李丹阳

7. 第五代传人黄红军的传人名单

吕尧　黄杰　黄奕

8. 第五代传人杜应时的传人名单

杜帅

第八章　“衩拖架”动作详解

腾挪太极拳拳法体系由第一套“衩拖架”、第二套“软十三”和第三套“超越架”组成，本章仅就第一套“衩拖架”动作进行图解。

第一节　“衩拖架”基本技法

一、手法

1. 掌

衩拖架对掌的要求是五指自然展开，掌心微微内收，食指指尖微外展，虎口自然撑圆。运用掌法时，沉肩垂肘，掌心既不完全向外，也不完全向内，处在半阴半阳、亦阴亦阳的蓄势待发状态。（图8-1）

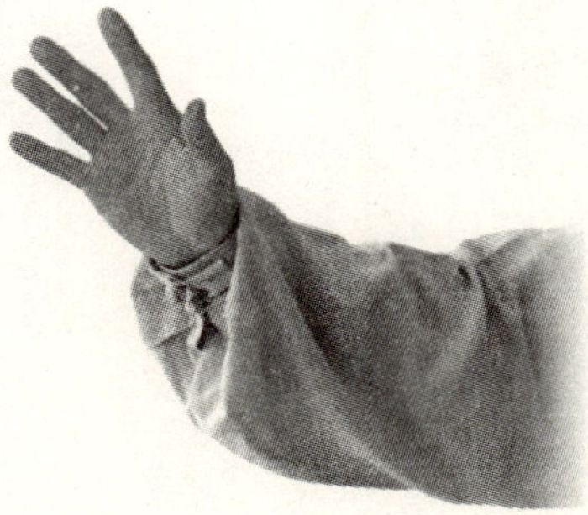

图8-1

2. 拳

衩掩架对拳的要求是四指向掌心卷曲，食指指尖挨着掌面，其余三指根节依次外撑，拇指压在食指上，成空心拳。这种拳法在使用时更容易做到内气通畅，气达拳面。（图8-2、图8-2附图）

图8-2

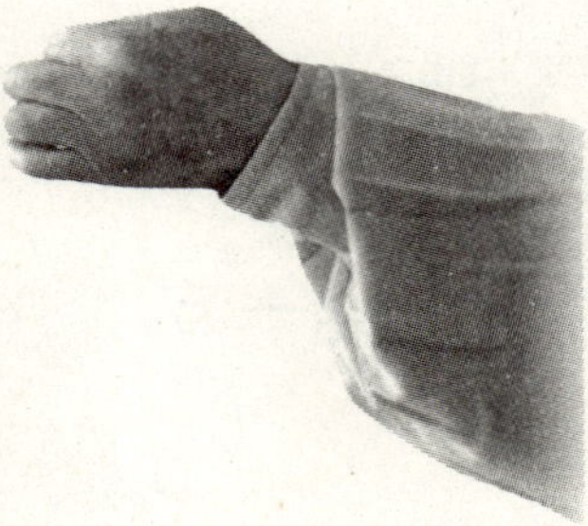

图8-2附图

3. 勾手

衩掩架对勾手的要求是拇指、食指和中指三个手指捏在一起，其余二指向下弯曲。这种勾手更加灵活，利于变化。（图8-3）

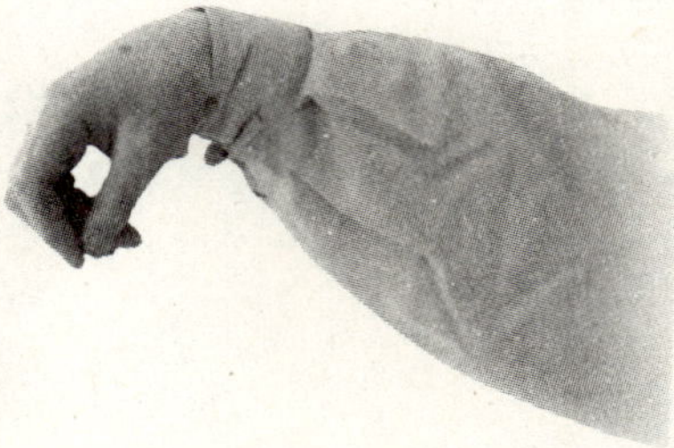

图8-3

4. 蛇信指

蛇信指是衩掩架的特有手法，类似于剑指，只在白蛇吐信中使用。要

求食指和中指前伸，两指间要分叉，形如蛇信。使用蛇信指时要意气贯指，直达指尖。（图8–4）

图8–4

二、步法

1. 高马步

衩拖架对高马步的要求是两脚平行向前，间距约60厘米，两膝微弯曲。（图8–5）

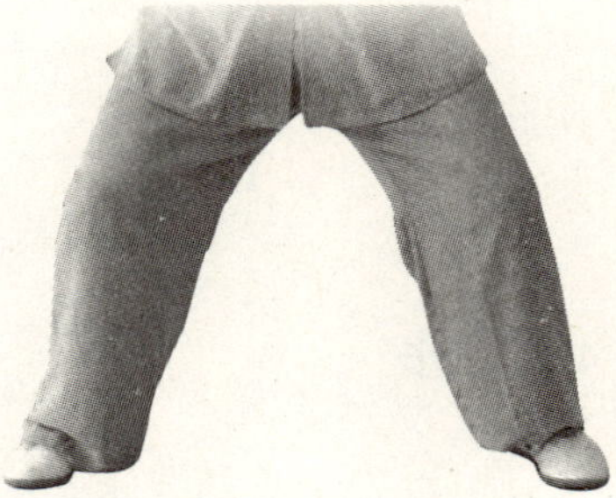

图8–5

2. 弓马步

衩拖架对弓马步的要求是一腿弓，一腿蹬，两脚基本平行向前，略偏向于弓着腿的一侧，间距约100～120厘米，两膝弯曲，弓着腿的一侧大腿与小腿夹角几乎为直角，蹬着腿的一侧脚尖内扣。弓马步是由一半弓步、一半马步组成，也叫半弓步半马步，这种步法的特点是转换灵活。如果左腿是马步的一部分，就叫左弓马步（图8–6）；如果右腿是马步的一部分，就叫右弓马步（图8–7）。

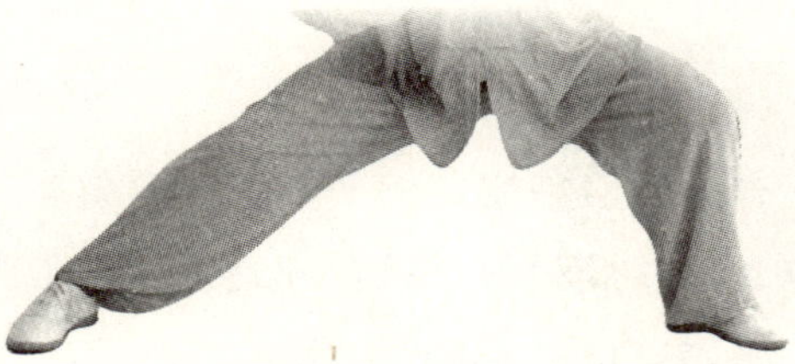

图8–6

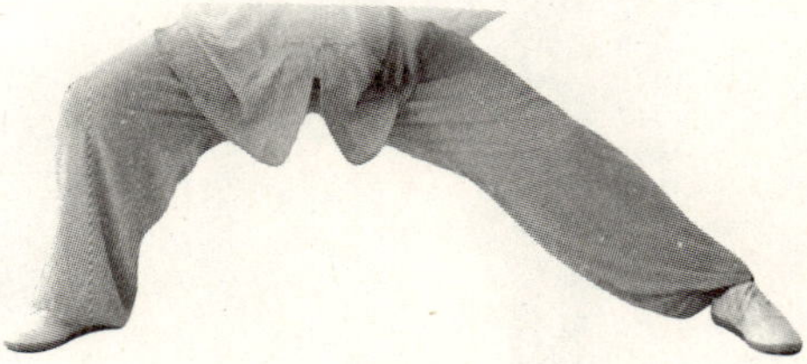

图8–7

3. 仆步

衩拖架对仆步的要求是一腿下蹲，一腿前仆。（图8-8）

图8-8

4. 丁字步

衩拖架对丁字步的要求是一脚着地，另一脚脚尖点在着地脚的内侧，与着地脚的脚跟对齐，两脚间距约40～50厘米。（图8-9）

图8-9

图8-10

5. 独立步

衩拖架对独立步的要求是一腿微屈膝站立，另一腿提起，膝盖向上顶，脚尖向下，平展里扣。（图8-10）

6. 虚步

衩拖架对虚步的要求是一腿屈膝着地，另一腿以脚尖点在前方，两脚尖间距约40厘米。（图8-11）

图8-11

三、身法

这里主要说一下顺缠和逆缠。所谓顺缠和逆缠，就是动作时掌心由内往外翻或由外往内翻。都以食指的翻转为标准，食指的运动由内往外翻为顺缠，简称为顺；食指的运动由外往内翻为逆缠，简称为逆。

由于太极拳是一动无有不动的全身运动，所以当掌心内外翻转运动时，表现在上肢是旋腕转膀，表现在下肢是旋踝转腿，表现在身躯是旋腰转脊。三者结合起来，形成一条根在脚，主宰于腰，形于手指的空间旋转曲线，这是练习衩拖架必须做到的要求。

第二节　“衩拖架”动作名称

起势
第一式　金刚捣碓
第二式　懒扎衣
第三式　白鹅亮翅
第四式　单鞭
第五式　金刚捣碓
第六式　白鹅亮翅
第七式　斜行
第八式　饿虎扑食
第九式　顺手牵羊
第十式　腰腮掌
第十一式　斜行
第十二式　饿虎扑食
第十三式　顺手牵羊
第十四式　腰腮掌
第十五式　对心捶
第十六式　披身捶
第十七式　演手捶

第十八式　肘底看捶
第十九式　倒撵猴
第二十式　白鹅亮翅
第二十一式　斜行
第二十二式　饿虎扑食
第二十三式　顺手牵羊
第二十四式　海底针
第二十五式　闪通背
第二十六式　单鞭
第二十七式　云手
第二十八式　高探马
第二十九式　右白蛇吐信
第 三 十 式　右擦脚
第三十一式　左白蛇吐信
第三十二式　左擦脚
第三十三式　左蹬脚
第三十四式　腰甩捶
第三十五式　击地捶
第三十六式　踢二起
第三十七式　分门桩
第三十八式　搂膝抱跟
第三十九式　右蹬脚
第 四 十 式　跌脚演手捶
第四十一式　暴虎推山
第四十二式　单鞭
第四十三式　前招后招
第四十四式　野马分鬃
第四十五式　玉女穿梭
第四十六式　白鹅亮翅
第四十七式　单鞭
第四十八式　云手
第四十九式　跌岔
第 五 十 式　金鸡独立
第五十一式　倒撵猴
第五十二式　白鹅亮翅
第五十三式　斜行
第五十四式　饿虎扑食
第五十五式　顺手牵羊
第五十六式　海底针
第五十七式　闪通背
第五十八式　单鞭
第五十九式　云手
第 六 十 式　侧身高探马
第六十一式　单摆莲
第六十二式　指裆捶
第六十三式　金刚捣碓
第六十四式　懒扎衣
第六十五式　右扎七星
第六十六式　沉肘束肋
第六十七式　翻身指裆捶
第六十八式　单鞭
第六十九式　左扎七星
第 七 十 式　跨虎
第七十一式　转身双摆莲
第七十二式　金刚捣碓
收势

第三节　“衩拖架”动作图解

起势

动作一：身体面南站立，头正体松，胸廓微含，二目平视，两腿与肩同宽，两膝微屈，立而不挺，两臂松垂体侧。（图8–12）

图8–12

要领：身心维静，心无杂思，虚领顶劲，含胸拔背，松肩松胯，尾闾前敛，舌抵上腭，气沉丹田，身心进入无声无息的“无极”状态。此时全身阴阳开合之机，已俱寓心，待气一动，太极即生。

动作二：左脚向左横跨半步；两手先逆后顺，经身体两侧向上掤起，经额前屈肘下落至腹前；同时，两腿屈膝下沉成高马步。（图8–13 ~ 图8–15）

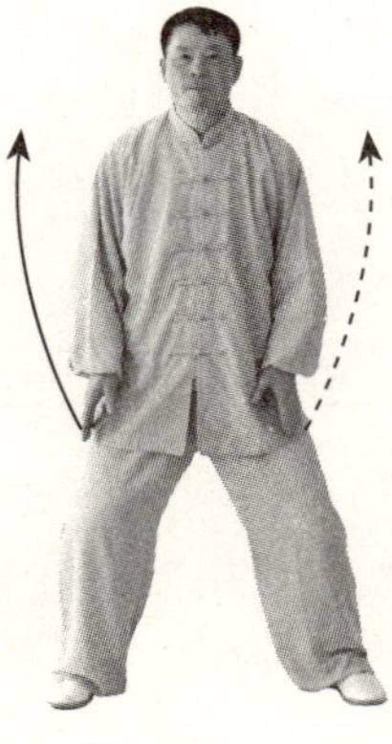

图8–13

图8–14

图8–15

要领：1. 动作开始前先用嘴吸一口气，然后用鼻子徐徐呼出去，待中气贯足，再开始动作。

2. 两手的领起和下落与身体的领落要同步进行，这是第一个“领落开合”动作，要轻灵明快，连贯顺随，无迟滞之感。

第一式　金刚捣碓

动作一：身体右转向西南；左手向左前方前伸，手心向右，右手向右后方捋带。（图8-16）

动作二：身体重心移至左腿，右脚尖翘起；两手左逆右顺划弧交于胸前，左手在上，掌心向右，右手在下，掌心向左。（图8-17）

图8-16

图8-17

动作三：身体重心移至右腿，左脚收至右脚旁成丁步；右手向右上方逆缠翻转，两手右上左下向右上方掤起。（图8-18）

动作四：两腿左仆步下蹲；左手逆缠向下划弧至左膝处，拇指向下，掌心向后；右手逆缠至右耳上方。（图8-19）

说明：仆步下蹲，左手向下前方撩，右手上举的动作也叫“铺地锦”。

动作五：重心前移至左腿，右脚向前收至左脚内侧，前脚掌着地；左手掤至额前，右手握拳收至右腰间。（图8–20）

动作六：左手先上后下落至腹前，右拳先下后上至额前再下落至左掌中；右腿在两手上下运动的同时，先提起随即下落成高马步。（图8–21、图8–22）。

图8–18

图8–19

图8–20

图8–21

图8–22

要领：“金刚捣碓”是三个“领落开合”动作，要连续不断。以后每个动作均如此，都是在一个或数个领落开合中完成。

图8-23

第二式　懒扎衣

动作一：两手左逆右顺，逆时针方向在小腹前划一小圈，然后向左前方掤至额前；同时，脚跟略提，身体左转向东南，身体重心移至右腿。（图8-23）

动作二：左腿略提起，然后原地放下踏实，瞬间身体重心移至左腿，屈左腿，仆右腿成右仆步；同时，两手左顺右逆从额前向右划弧下落，左手至额前，掌心向前，右手至右膝处，拇指向下，掌心向后。（图8-24、图8-25）

图8-24

图8-25

动作三：左腿蹬地立起，脚尖翘起，脚跟着地，身体微左转，面向东南；右手向下、向左先下捋，再上掤与左肩平，左手向内划弧下落于左肋外侧。（图8–26）

动作四：重心移至右腿；左手下落至左腰间，右手顺缠向上至胸前时向右前方立掌挤按推出；同时，身体右转，成右弓马步。（图8–27）

图8–26

图8–27

要领：1. 两手在身前从左到右、从上到下，结合身体的左右旋转，连续转了两个大圈，上至额前，下至小腿，充分体现了腾挪太极拳“大开大合”的特点，这种波浪式、连续不断的“领落开合、螺旋起伏”动作，贯穿于整个衩拖架套路的始终。

2. 右手向前挤按时，松肩沉肘，身体松沉下落，使重心逐步移向右腿。

第三式　白鹅亮翅

动作一：身体略右转，两手双逆缠，掌心向后。（图8–28）

动作二：身体左转，成左弓马步；两手由右上方向下经腹前向左捋按至左膝两侧，然后继续向左上方捧与肩平。（图8–29）

动作三：身体略右转，面向西南，左脚向右跟半步，脚尖点地，成左丁字步；两手双逆缠收于胸前。（图8–30）

动作四：身体略下沉；两手向右前方挤按推出。（图8–31）

图8–28

图8–29

图8–30

图8–31

要领：动作完成时要虚灵顶劲，沉肩坠肘，两臂浑圆有外撑之意。

第四式　单鞭

动作一：身体略下沉；两手内收向下捋带至腹前。（图8–32）

动作二：提右腿，随即落地踏实，同时左腿向左仆腿，成左仆步；两手顺时针划弧向左下方下落，左手至左膝处，拇指向下，掌心向下，右手至小腹前，掌心向下。（图8–33）

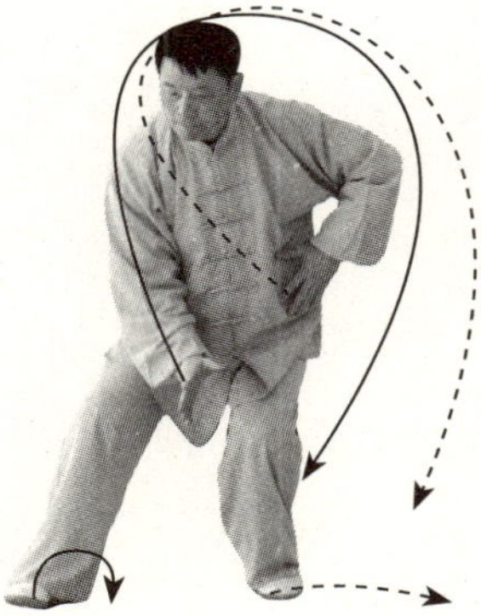

图8–32

图8–33

动作三：身体立起，右脚尖上翘；两手顺时针划弧上掤，右手与肩平，掌心向外，左手托至胸前。（图8–34）

动作四：身体略左转下沉，成左弓马步；右手变勾手，勾尖向下，左手先顺后逆经胸前向左前方挤按推出。（图8–35）

要领：动作完成时要虚灵顶劲，沉肩坠肘，立身中正，身往下沉，气往下行。

图8-34

图8-35

第五式　金刚捣碓

动作一：两手左上右下交于胸前，左掌心向外，右掌心向内。（图8-36、图8-37）

图8-36

图8-37

动作二：重心移至右腿，身体下蹲成左仆步，面向正东；右手握拳架于额右上方，拳心向外，左手下落于左膝处，掌心向下。（图8–38）

动作三：蹬右腿，弓左腿，右脚向前跟步至左脚内侧，成右丁步；左手随之上掤与左肩平，右手先稍微向后、再向前划弧下落至右胯处。（图8–39）

动作四：左手先上后下落至腹前，右拳先下后上至额前再下落至左掌中；右腿在两手上下运动的同时，先提起随即下落成高马步。（图8–40、图8–41）

图8–38

图8–39

图8–40

图8–41

第六式　白鹅亮翅

动作一：身体微右转，左脚收至右脚内侧成左丁步；右拳变掌，两手逆时针划弧掤至额右前方，掌心向外。（图8–42）

动作二：身体左转，左腿向左后方跨一步，成左弓马步；两手由右上方向下经腹前向左捋按至左膝两侧，再继续向左上方捧与肩平。（图8–43）

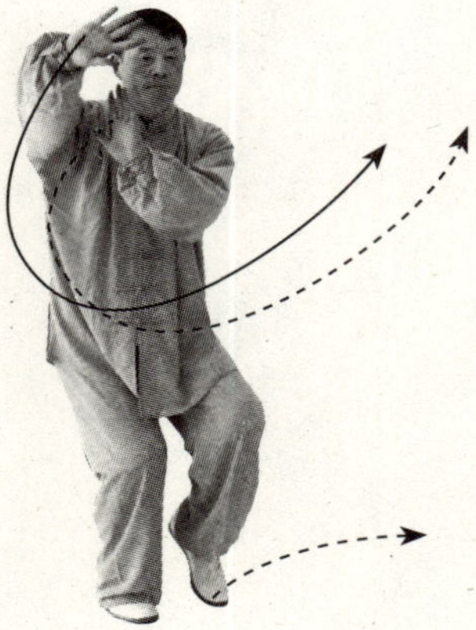

图8–42

图8–43

动作三：身体略右转，面向东南，左脚收至右脚内侧，成左丁步；两手双逆缠收于胸前。（图8–44）

动作四：身体略下沉；两手向右前方挤按推出。（图8–45）

要领：同第三式“白鹅亮翅”。

图8–44

图8–45

第七式　斜行

动作一：身体下沉；两手左逆右顺下落至腹右侧。（图8–46）

动作二：身体上领，右腿屈膝提起再落下踏实，出左腿成左仆步；两手继续左逆右顺向外、向上、再向下划大立圆交叉于右膝处。（图8–47、图8–48）

图8–46

图8–47

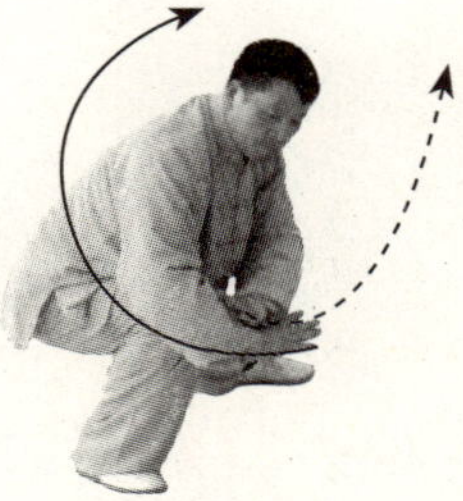

图8–48

动作三：身体上领立起；两手继续左逆右顺向外、向上划立圆与耳平。（图8–49）

动作四：身体略左转，成左弓马步；右手里收至右耳处，然后挤按至胸前，掌心向左，左手变勾向后贴在后背处。（图8–50）

图8–49

图8–50

要领：1. 两手是连续划了两个大立圆，中间不能间断。

2. 动作完成时要两肋相束，即“束肋”，束肋是腾挪太极拳的基本要求，演练时一定要注意。

第八式　饿虎扑食

动作一：右手逆缠后捋，变勾手屈肘收于右腋下，左勾手也屈肘收于左腋下；重心移于右腿成右弓马步。（图8–51、图8–52）

动作二：重心移至左腿成左弓步，右腿蹬直；身体前倾，头、背和右腿成一条线。（图8–53）

图8-51

图8-52

图8-53

动作三：重心移至右腿，身体后坐成左仆步；两勾手先向前翻转，再变掌随身体向后带至两膝外侧，掌心向前。（图8-54）

动作四：身体向前翻扑，右脚跟进半步，前脚掌着地；两手在身体向前翻扑时，从后向上、向前扑击至两膝外侧，面向东北。（图8-55）

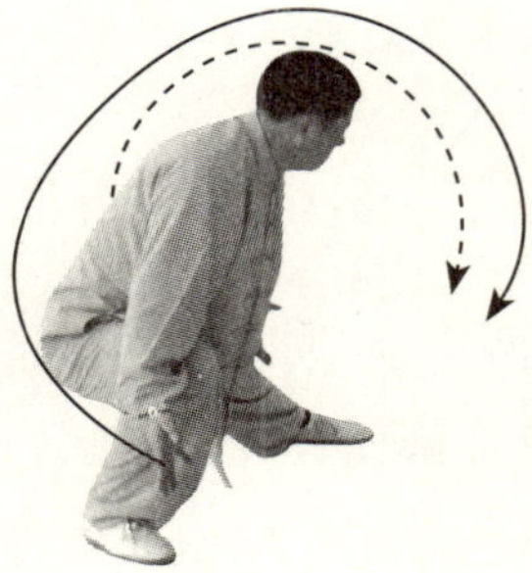

图8-54

图8-55

要领：1. 本式突出一个“扑”字，整个动作围绕“扑”字展开，臀部向后坐时，身体要卷曲、折叠，有蓄势待发之意。

2. 向前翻扑要迅速猛烈，一气呵成，干净利落，如饥饿的猛虎扑向猎物一样，势不可挡。功夫好者，能将上衣带起，盖住脑袋。

第九式　顺手牵羊

动作：右脚向右后方退半步，屈膝半蹲，左脚也后退半步，前脚掌着地，身体右转；两手左顺右逆，逆时针划圆，左手变勾手落于左膝处，勾尖略向外，右手落于右腰间。（图8-56、图8-57）

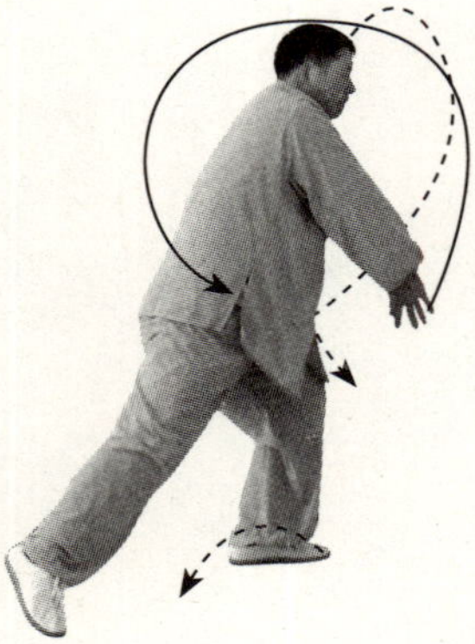

图8-56

图8-57

要领：“饿虎扑食”和“顺手牵羊”是两个联袂出现的特有动作，两个动作一快一慢，一猛烈一轻灵，很有节奏感，都比较突出身法。所不同的是，“饿虎扑食”主要体现胸腰折叠，而“顺手牵羊”则主要体现在腰劲的抽换上。

第十式 腰腮掌

图8-58

动作：左脚向左前方迈半步，同时右腿屈膝提起成左独立步；两手先顺后逆，右手经右腰间向上划弧至右腮处，再向胸前挤按推出，左勾手向后贴于后背处。（图8-58）

说明：所谓“腰腮掌”就是手在运动时要贴近这两个部位，这样可使动作紧凑一体。

要领：身体放松，以意引领，胳膊不要伸直，环形置于胸前。

第十一式 斜行

动作：落右腿；其余动作与第七式“斜行”动作二至动作四相同，唯方向不同。（图8-59 ~ 图8-62）

图8-59

图8-60

图8-61

图8-62

要领：同第七式“斜行”。

第十二式　饿虎扑食

动作：动作与第八式“饿虎扑食”相同，唯方向不同。（图8-63～8-67）

图8-63

图8-64

图8-65

图8-66

图8-67

要领：同第八式“饿虎扑食”。

第十三式　顺手牵羊

动作：动作同第九式“顺手牵羊”，唯方向不同。（图8-68、图8-69）

图8-68

图8-69

要领： 同第九式“顺手牵羊”。

第十四式 腰腮掌

动作： 左脚向左前方挨地滑出小半步；两手双逆缠，右手掌心向胸前发力前推，右勾手以勾尖向身后方发力；同时重心前移成左弓马步。（图8–70）

图8–70

要领： 右手向前发劲时，上半身要竖直，两肩要放松，两眼向右掌方向平视，这样劲才能发出来。

图8–71

第十五式 对心捶

动作一： 重心移至右腿，身体上领，提左腿，随即下落成左仆步；两手先逆后顺经身体两侧上领至额前再下落至右膝处。（图8–71）

动作二： 右腿屈膝提起；两手经身体两侧上领至额前，右掌变拳；右脚震脚下落，两手随之落于小腹处。（图8–72、图8–73）

图8-72

图8-73

要领：震右脚和两手的下落要在身体的引领下同时完成，要体现一个“整”字。

第十六式　披身捶

动作一：提右腿，向右落步，成右弓马步；两手先左逆右顺，再左顺右逆，先左下右上再左上右下，在胸前划一大立圆，左手至额前，右手至右膝处。（图8-74、图8-75）

图8-74

图8-75

动作二：重心左移，成左弓马步；两手继续划圆，右手向上至额前，左手至左腰间。（图8-76）

动作三：重心右移，成右弓马步；右手变拳，逆缠上翻，横于额前，拳眼向下。（图8-77）

图8-76

图8-77

第十七式　演手捶

动作一：上身松腰胯向右前方松沉下落，然后卷曲回收，右脚尖翘起，重心移至左腿；两手左逆右顺随身向右前方划弧回收，左手至额前，掌心向外，右拳拳心向上，以肘尖抵于右肋处。（图8-78）

动作二：同时左脚向右脚内侧收半步，前脚掌着地；右拳向右前方击出，拳心向下；左肘向左横击，掌心向上；同时，身体猛然左转，面向西南。（图8-79）

要领：右拳、左肘向两侧外击时，身体要猛然左转，两肩左闪右靠，有通背劲。利用腰身的带动，增加外击的效果。

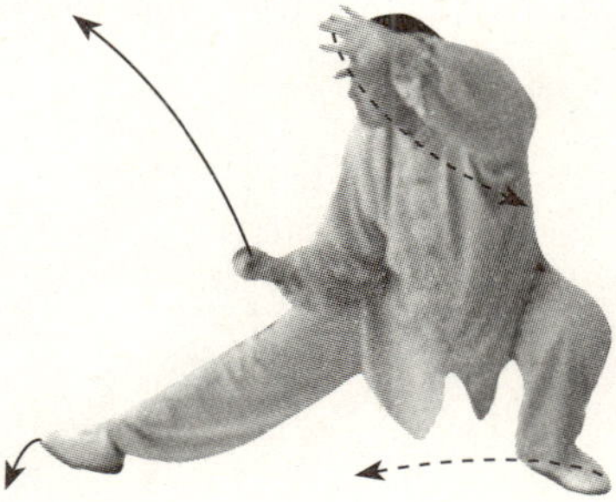

图8-78

图8-79

说明：在腾挪太极拳中，前十七式最为基础，也最为重要，学习时，通常格外强调动作要领。在这个基础上，其余的拳式通常情况下就不必再专门强调了。因此，本书第十七式之后的动作亦不赘述。

图8-80

第十八式　肘底看捶

动作一：重心移向左腿；两手随身体松沉下落。（图8-80）

动作二：提右腿，原地下落踏实，重心移至右腿，身体由西南左转向东，左脚尖点地，成左虚步；两手变拳，左拳随身下落，从下向上顺时针划弧；然后，左拳屈肘，竖在胸前，拳心向内，右拳下拦至腹前，拳心向内。（图8-81、图8-82）

图8-81

图8-82

第十九式　倒撵猴

动作一：松腰胯，提左脚向左后方退一步，身体左转向东北；两拳变掌，左逆右顺，右手先下后上，经身体外侧上掤至右上方，再下落至右膝外侧；左手先上后下，再上掤至头左上方。（图8-83、图8-84）

动作二：松腰胯，右脚后退一大步成右弓马步，面向东南；右手从右后方上掤至头右后方，左手下落于左膝处。（图8-85）

动作三：松腰胯，左脚后退一大步成左弓马步，面向东北；左手从左后方上掤至头左后方，右手下落于右膝处。（图8-86）

图8-83

图8-84

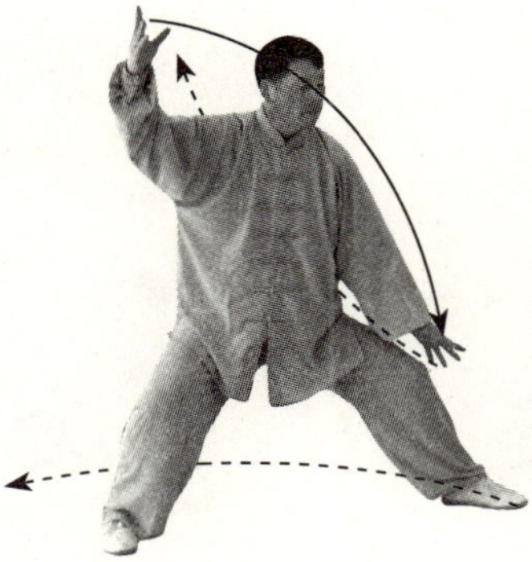
图8-85

图8-86

说明：在做动作三时，也可右脚向前上步，右手向前下方劈斩，做斩手动作，左手向后撩。

第二十式　白鹅亮翅

动作一：身体右转，左脚向前收至右脚内侧，成左丁步；两手左逆右顺，划弧至于头右侧。（图8-87、图8-88）

其余动作与第六式“白鹅亮翅”相同。（图8-89～图8-91）

图8-87

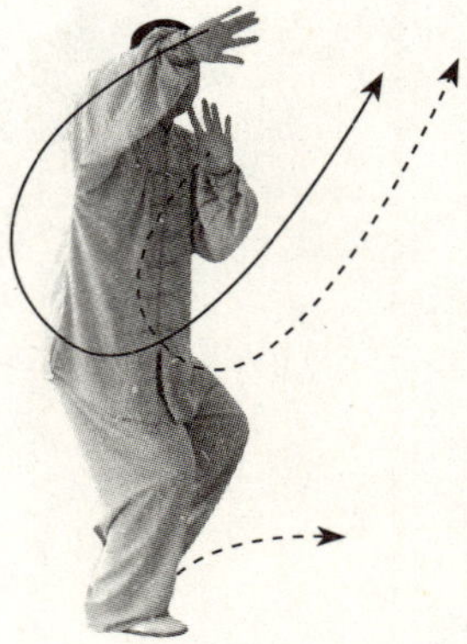

图8-88

图8-89

图8-90

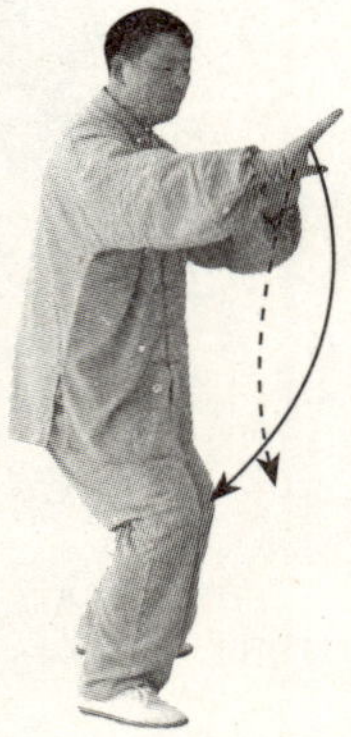

图8-91

第二十一式　斜行

动作与第七式“斜行”相同。（图8–92 ~ 图8–96）

图8–92

图8–93

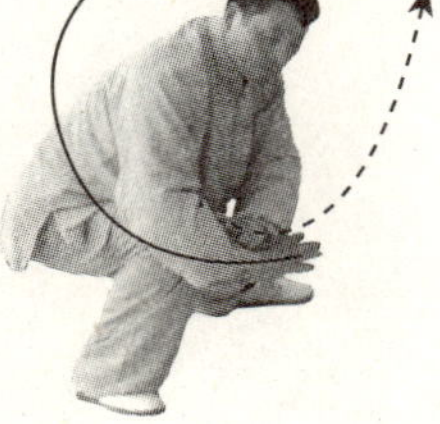

图8–94

图8–95

图8–96

第二十二式　饿虎扑食

动作与第八式“饿虎扑食”相同。（图8–97~图8–101）

图8–97

图8–98

图8–99

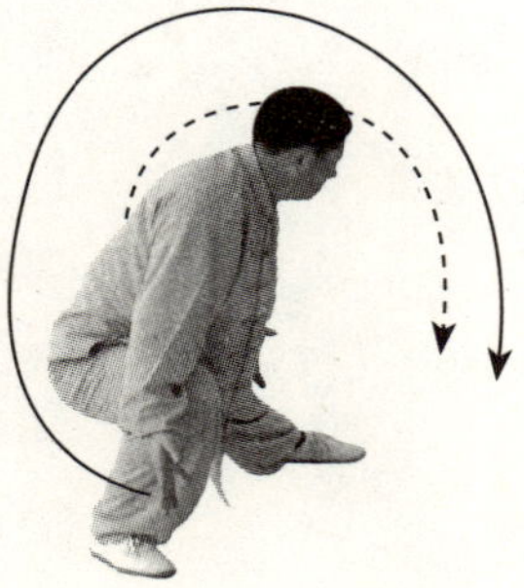

图8–100

图8–101

第二十三式　顺手牵羊

动作与第九式“顺手牵羊”相同。（图8–102、图8–103）

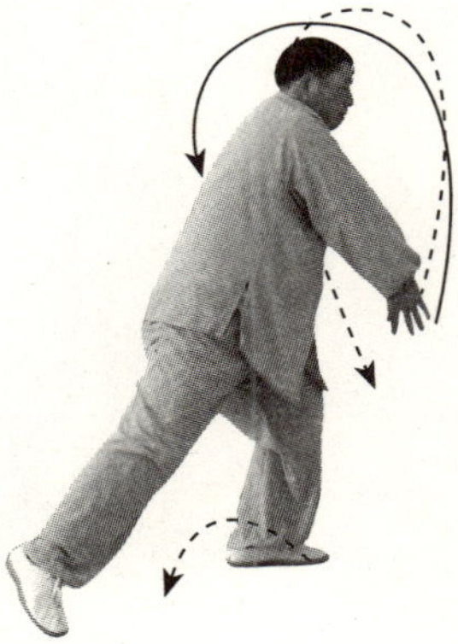

图8–102

图8–103

第二十四式　海底针

动作一：身体上领；左手逆缠向上划弧，右手下落至腰间。（图8–104）

图8–104

动作二：两腿下蹲，身体左转，左脚脚跟着地，脚尖翘起；两手双逆缠，左手变勾手经额前

向右下方下落于左脚处再上提，右手上掤至额前再下落于右脚前。（图8-105、图8-106）

动作三：身体再上领；左勾手提至左上方，右手掌心向上，托于胸前。（图8-107）

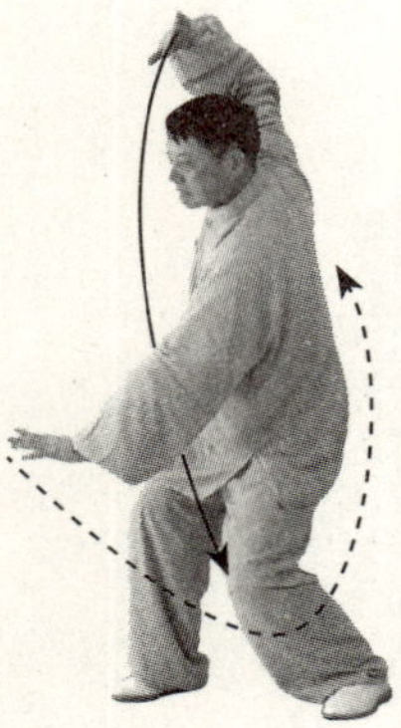

图8-105

图8-106

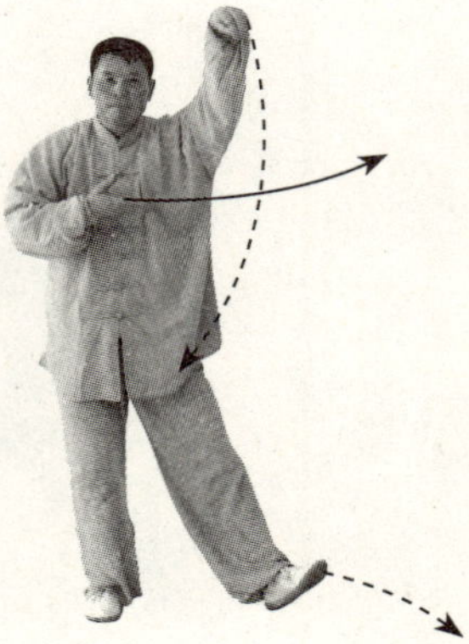

图8-107

第二十五式　闪通背

动作一：左脚向左前方上一步，成左弓步；穿右掌与额平，左手下落至左膝外侧。（图8-108）

动作二：左脚回收至右脚内侧，成左丁步；同时，右手回收于额前。（图8-109）

图8-108

动作三：身体右转，右脚向右后方撤退一步，成左弓马步，再重心后移成右弓马步；两手先向下捋再向上掤与肩平。（图8-110、图8-111）

动作四：身体左转，右脚向前上一大步，重心移至右腿，成左丁步；两手随身转向右前方挤按推出。（图8-112）

图8-109

图8-110

图8-111

图8-112

第二十六式　单鞭

动作与第四式“单鞭”相同。（图8–113 ~ 图8–116）

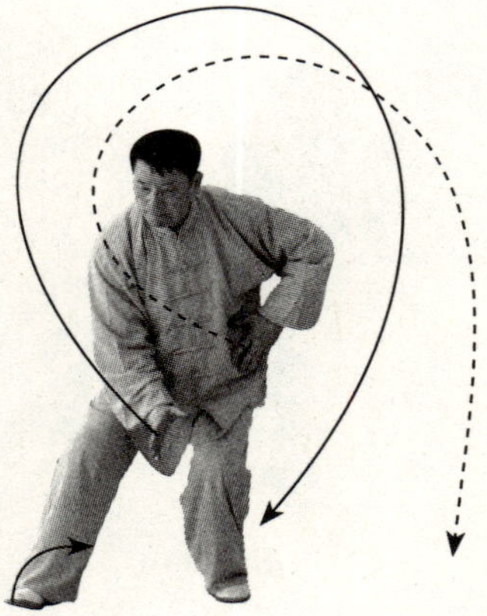
图8–113

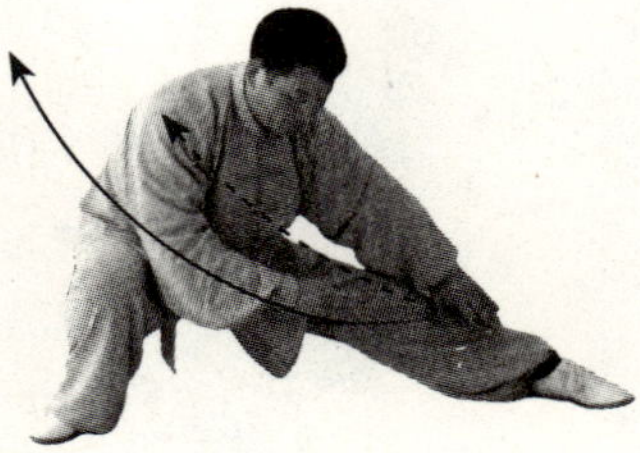
图8–114

图8–115

图8–116

第二十七式　云手

动作一：身体微左转，成左弓马步；右勾手变掌，逆时针向下再向左上方划弧。（图8-117）

动作二：身体右转，重心右移成右弓马步；右掌继续逆时针向右上方划弧，左掌顺时针向右下方划弧。（图8-118）

图8-117

图8-118

要领：以上两个动作为一个云手，云手一般要连续三次，中间不要有停顿。

第二十八式　高探马

动作一：身体微左转，重心左移成左弓马步；两手逆时针向下再向上掤，左手与额头平。（图8-119）

图8-119

动作二：重心右移，身体下蹲成左仆步；两手下捋至小腹前。（图8-120）

动作三：左脚回收至右脚侧前方，身体上领立起，右腿微屈；右手经右后方向上划弧上掤至头上方，左手托于胸前。（图8-121）

动作四：身体下沉成左虚步，身体微左转；两手掌心相对，随身体下落至腹前。（图8-122）

图8-120

图8-121

图8-122

第二十九式　右白蛇吐信

动作一：身体微左转；两手左逆右顺翻转成左手上右手下。（图8–123）

动作二：身体左转，右脚上步成右弓马步；右手先逆缠，然后变蛇信指向前探伸，左手向后带于左腰间。（图8–124）

图8–123

图8–124

第三十式　右擦脚

动作一：右脚回收至左脚内侧，并步站立；两手上掤。（图8–125）

动作二：身体松沉下蹲；两手从右向左外侧划弧下落至地面。（图8–126）

图8–125

动作三：身体立起；两手从左向右外侧划弧上掤至额前。（图8-127）

动作四：右脚向前踢，两手向前拍击脚面。（图8-128）

图8-126

图8-127

图8-128

要领：擦脚不同于拍脚，拍脚要拍住，而擦脚可拍住，也可不拍住。

第三十一式　左白蛇吐信

动作一：向前落右脚；两手随之落向胸前，左手心向下，右手心向上。（图8-129）

动作二：身体右转，左脚向前上一步成左弓马步；左手变蛇信指向前探伸，右手向后带于左腰间。（图8-130）

图8-129

图8-130

第三十二式　左擦脚

动作一：左脚回收至右脚内侧，并步站立；两手上掤。（图8-131）

动作二：身体松沉下蹲；两手从左向右外侧划弧下落至地面。（图8-132）

图8-131

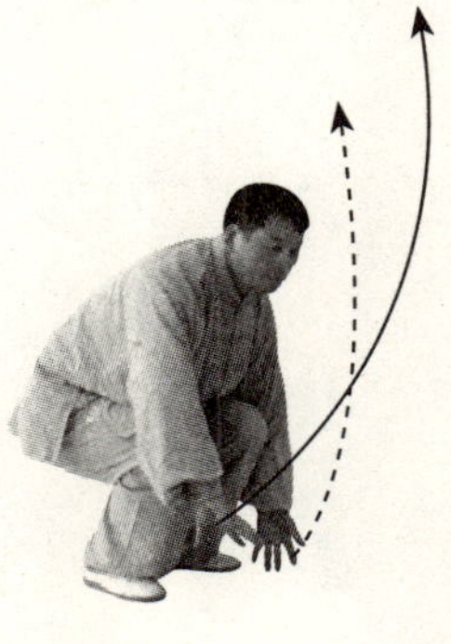

图8-132

动作三：身体立起；两手从右向左外侧画弧上掤至额前。（图8–133）

动作四：左脚向前踢，两手向前拍击脚面 。（图8–134）

图8–133

图8–134

第三十三式　左蹬脚

动作一：身体左转，左脚于右脚内侧，以脚尖点地成左丁步；两手变拳经身体两侧上掤至额前再下落于左膝两侧，拳心向外，面向北。（图8–135、图8–135附图）

图8–135

图8–135附图

动作二：两拳变掌，双顺缠向上至额前时从身体两侧下落于左膝两侧，重新变拳，拳心相对。同时左腿屈膝提起，身体上领。（图8-136、图8-137）

动作三：左脚向左侧蹬出，两手屈肘向两侧发力，拳心向外。（图8-138）

图8-136

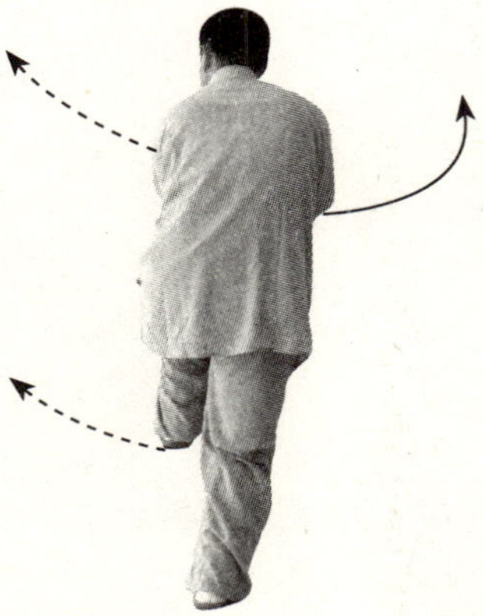

图8-137

图8-138

第三十四式　腰甩捶

动作一： 左脚向前落步成右弓马步；左手前伸，右拳收于右肋处。（图8-139）

动作二： 身体猛然左转成左弓马步；右拳向胸前发力，拳心向下，左手以肘向左肋后方发力，面向西北。（图8-140）

图8-139

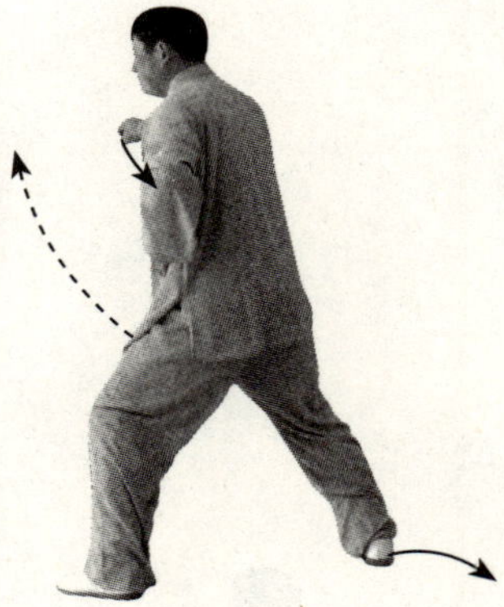

图8-140

第三十五式　击地捶

动作一： 右脚向后撤半步，身体右转成右弓马步；两拳双逆缠，左拳向前上方，右拳收于右肋处，拳心向上。（图8-141）

动作二： 右拳上举，过头顶时向下栽捶于左脚处，左拳向左后方拦于左腿外侧；同时，身体左转成左弓马步。（图8-142、图8-143、图8-143附图）

图8-141

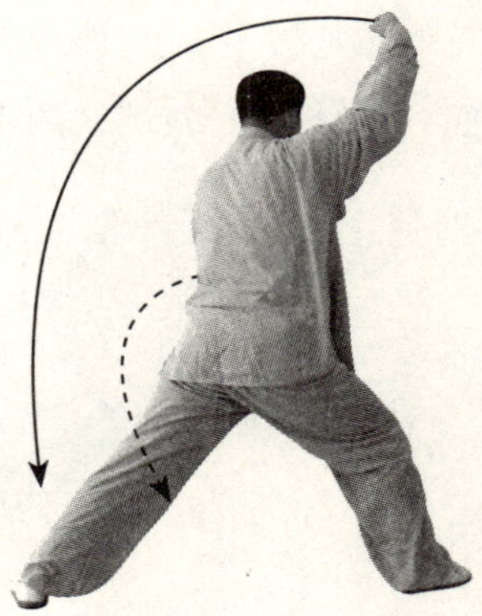

图8-142

图8-143

图8-143附图

第三十六式　踢二起

动作一：身体上领，两手顺时针划弧向左上方。（图8-144）

动作二：身体右转，成右弓马步；两拳继续向右顺时针划弧收于胸前，拳心向内；然后由内向外翻转后，向前挤出，拳眼相对，拳心向下，面向东。

（图8-145、图8-146，图8-145附图、图8-146附图）

动作三：重心左移成右仆步，两拳随身下落。（图8-147、图8-147附图）

动作四：身体向上纵跳，两手拍打右脚面。（图8-148）

图8-144

图8-145

图8-145附图

图8-146

图8-146附图

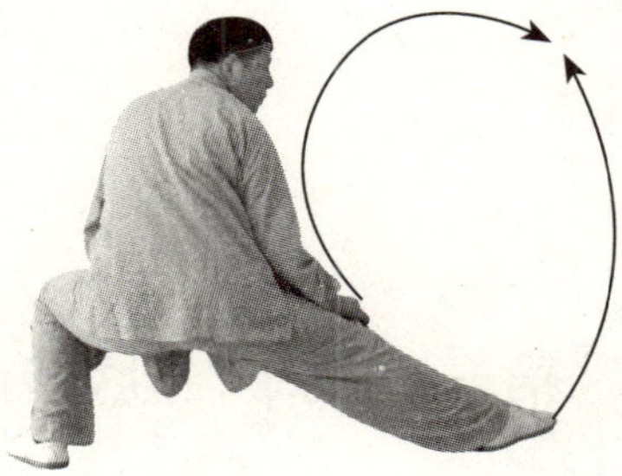

图8-147

图8-147附图

图8-148

第三十七式　分门桩

动作：身体下落时，左脚向前方跳迈一步成左弓马步；两手由胸前向前推出。（图8-149）

图8-149

图8-150

第三十八式　搂膝抱跟

动作一：身体右转向东南，左腿回收至右脚内侧，成左虚步；两手经身体两侧向下划弧抱于左膝两侧。（图8-150）

动作二：左腿屈膝提起；两手也提至胸前；然后左脚以脚跟向前蹬出，两手也由胸前推出。（图8-151、图8-152）

图8-151

图8-152

第三十九式　右蹬脚

动作一：身体右转180° 向北，左脚落地踏实，右脚尖点地成右丁步；两手同时经身体两侧划弧下落至左膝两侧，两手变拳，拳心向外。（图8-153、图8-154）

图8-153

图8-154

动作二：提右腿向右蹬出，两拳随之向身体两侧横击，拳心向外。（图8-155、图8-156）

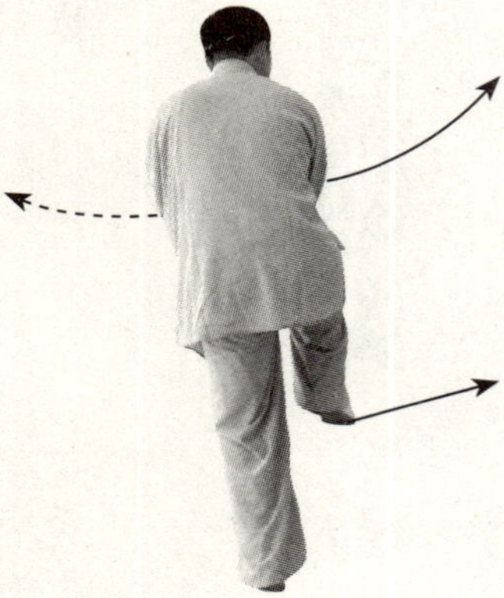

图8-155

图8-156

第四十式　跌脚演手捶

动作一：身体向右后方翻身跌仆成左仆步；两拳随身落于两膝处。（图8-157~图8-159）

动作二：身体猛然起身成左弓马步；两手向左上方发力斜击。（图8-160）

图8-157

图8-158

图8-159

图8-160

第四十一式　暴虎推山

动作一：身体右转，重心右移成右弓马步；两手交叉于额前。（图8-161）

图8-161

动作二：右脚向右后方撤一大步；两手先向前下落再由身体两侧向上划弧抱于头部。（图8–162、图8–163）

动作三：身体左转向南，右脚上步成高马步；两手随之向胸前推出。（图8–164、图8–165）

图8–162

图8–163

图8–164

图8–165

第四十二式　单鞭

动作与第四式“单鞭”相同。（图8–166 ~ 图8–169）

图8–166

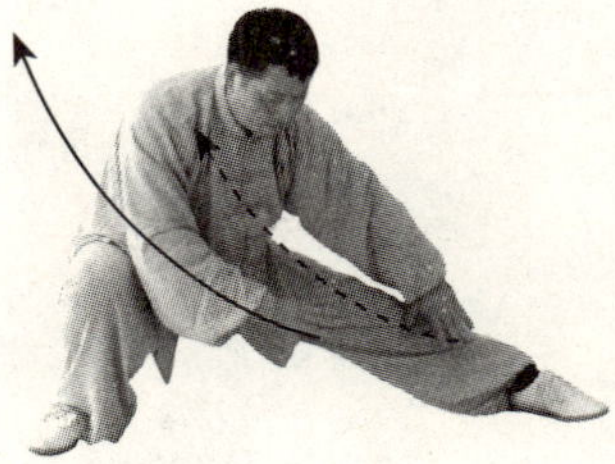

图8–167

图8–168

图8–169

第四十三式　前招后招

动作一：身体微左转，成左弓马步；右勾手变掌，两手左逆右顺，右手先向下再向左划弧至左膝外侧，左手微上掤。（图8–170）

动作二：身体右转，重心右移成右弓马步；两手左顺右逆向右前方划弧。（图8–171）

图8–170

图8–171

第四十四式　野马分鬃

动作一：右腿屈膝提起；右手向下划弧收于右胯处，左手上掤于额前。（图8–172、图8–173）

动作二：右脚向右前方出腿成右仆步；右手下落至右膝处。然后，身体领起，重心右移成右弓马步；右手上掤于额前方，左手下落于左膝上方。（图8–174、图8–175）

图8-172

图8-173

图8-174

图8-175

动作三：左腿屈膝提起；左手收于左胯处。（图8-176）

动作四：左脚向左前方出腿成左仆步；左手下落至左膝处。然后，身体领起，重心左移成左弓马步；左手上掤于额前方，右手下落于右膝上方。（图8-177、图8-178）

图8-176

图8-177

图8-178

第四十五式　玉女穿梭

动作一：身体右转，右腿屈膝提起；两手先顺后逆由右后方划弧。（图8-179）

动作二：右脚震脚下落，左脚向后撤一步，脚尖点地，成右虚步；两手随

之下落经身前向左后方划弧，再经身前下落至腹前。（图8–180、图8–181）

动作三：身体右转90°，左脚向前上一步，重心左移成左弓马步；穿左掌。（图8–182）

图8–179

图8–180

图8–181

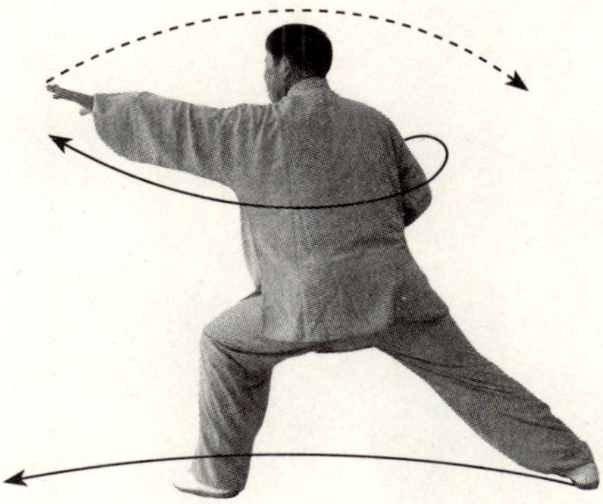

图8–182

动作四：身体继续右转180°，同时右脚向后跨一大步。（图8-183）

动作五：左腿下蹲成右仆步；同时，两手左顺右逆，右手向下划弧至裆前，左手上掤至额前。（图8-184）

动作六：左腿蹬地立起，脚尖翘起，脚跟着地，身体微左转；面向东南；右手上掤至与左肩平，左手下落于左肋外侧。（图8-185）

动作七：重心移至右腿，同时身体微右转，成右弓马步；左手下落至左腰间，右手顺缠向上至胸前时向右前方立掌挤按推出。（图8-186）

图8-183

图8-184

图8-185

图8-186

第四十六式　白鹅亮翅

动作与第三式白鹅亮翅相同。（图8-187～图8-190）

图8-187

图8-188

图8-189

图8-190

第四十七式　单鞭

动作与第四式“单鞭”相同。（图8-191～图8-194）

图8-191

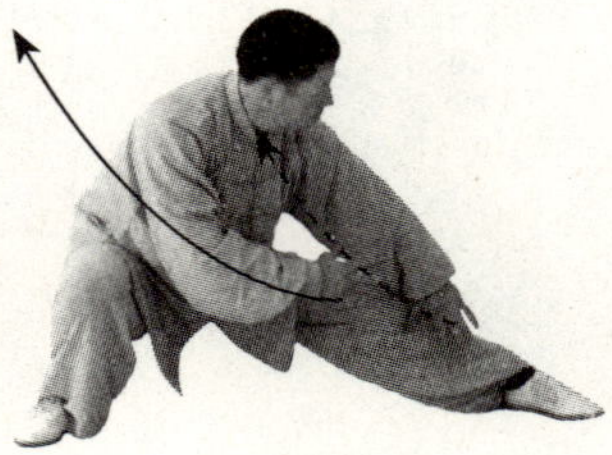

图8-192

图8-193

图8-194

第四十八式　云手

动作与第二十七式“云手”相同。（图8-195、图8-196）

图8-195

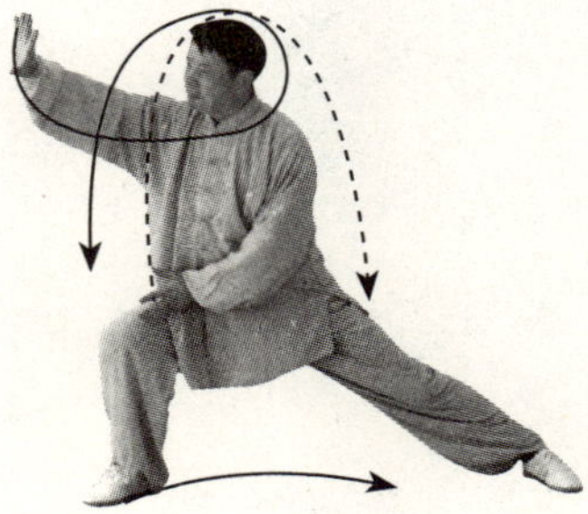

图8-196

第四十九式　跌岔

动作一：右脚回收至左脚内侧，与肩同宽，身体下蹲；两手交叉环抱于胸前，先逆后顺经身体两侧划弧下落于两腿外侧。（图8-197）

图8-197

动作二：身体立起，震右脚，左腿随之向左前方跌单岔；同时，两手以掌外缘由身体两侧由内向上、再向下击打。（图8–198、图8–199）

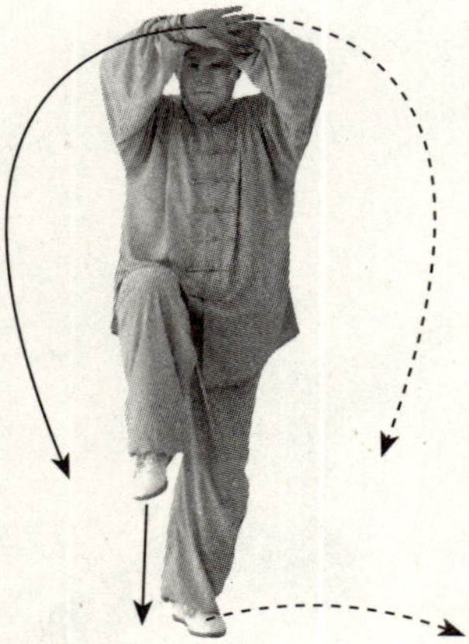

图8–198

图8–199

第五十式　金鸡独立

图8–200

动作一：重心移向左腿，身体左转，右脚向前上步，并于左脚右侧，屈膝半下蹲；右手先上翻再下落，两手抱于两腿外侧。（图8–200）

动作二：身体上领立起，右腿屈膝提起成左独立步；右手托举至头顶，左手按于左胯外侧。（图8–201、图8–202）

动作三：右手、右脚同时下落，双腿屈膝下蹲；两手抱于两腿外侧。（图8–203）

动作四：身体上领立起，左腿屈膝提起成右独立步；左手托举至头顶，右手按于右胯外侧。（图8–204）

图8–201

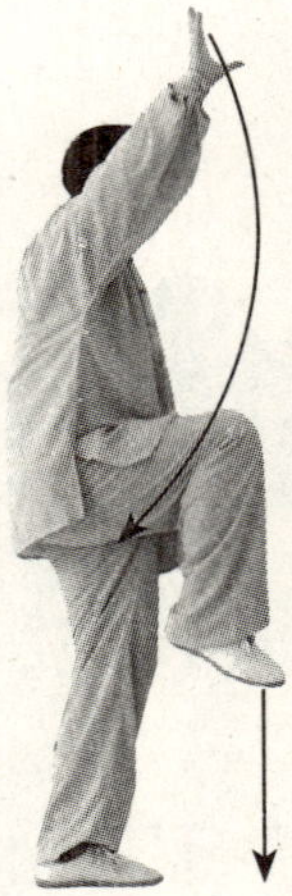

图8–202

图8–203

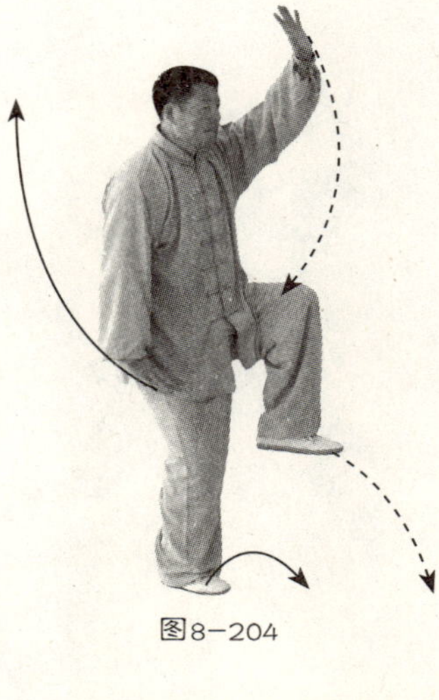

图8–204

第五十一式　倒撵猴

动作一：身体上领，震右脚，落左脚，以脚跟着地；左手下落于左膝处，掌心向内，右手上举于头右侧。（图8-205）

其余动作与第十九式“倒撵猴”相同。（图8-206～图8-208）

图8-205

图8-206

图8-207

图8-208

第五十二式　白鹅亮翅

动作与第六式“白鹅亮翅”相同。（图8-209 ~ 图8-213）

图8-209

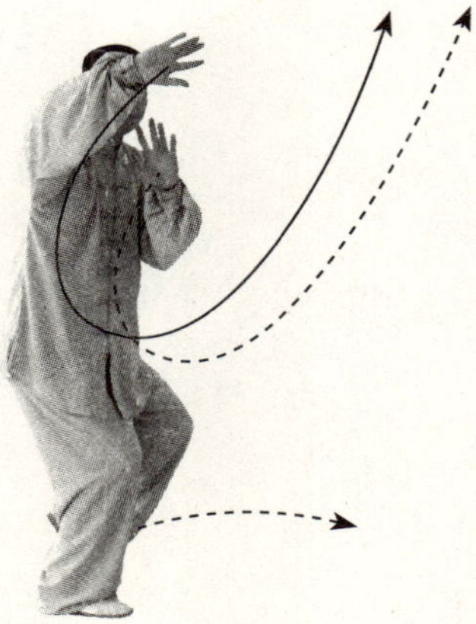

图8-210

图8-211

图8-212

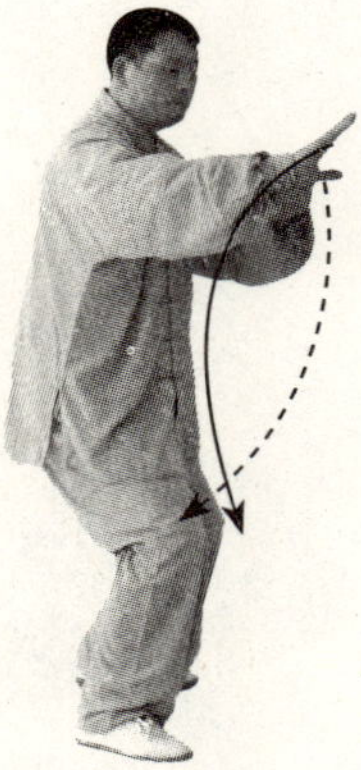

图8-213

第五十三式　斜行

动作与第七式“斜行”相同。（图8-214～图8-218）

图8-214

图8-215

图8-216

图8-217

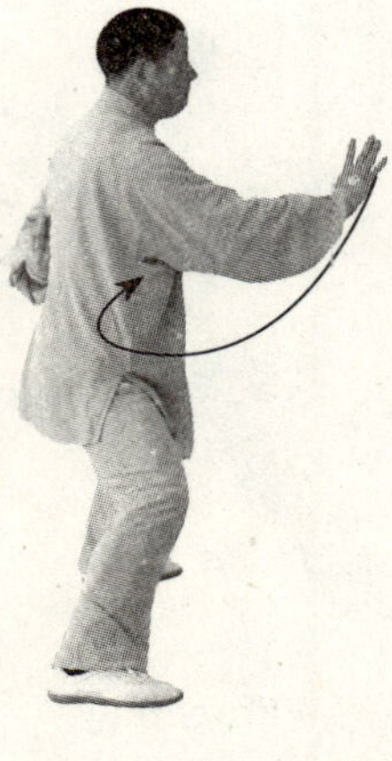

图8-218

第五十四式　饿虎扑食

动作与第八式“饿虎扑食”相同。（图8-219 ~ 图8-223）

图8-219

图8-220

图8-221

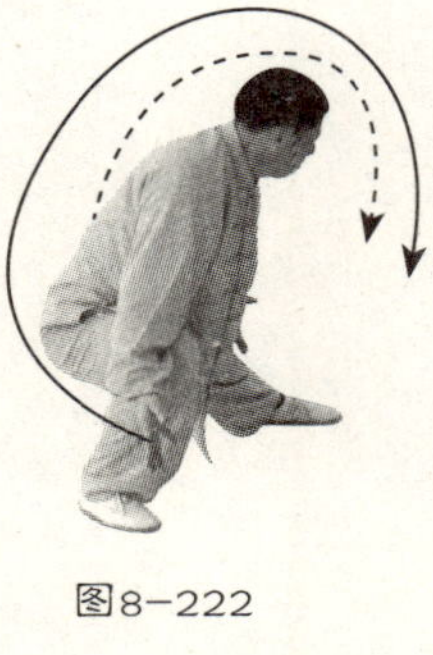

图8-222

图8-223

第五十五式　顺手牵羊

动作与第九式“顺手牵羊”相同。（图8-224、图8-225）

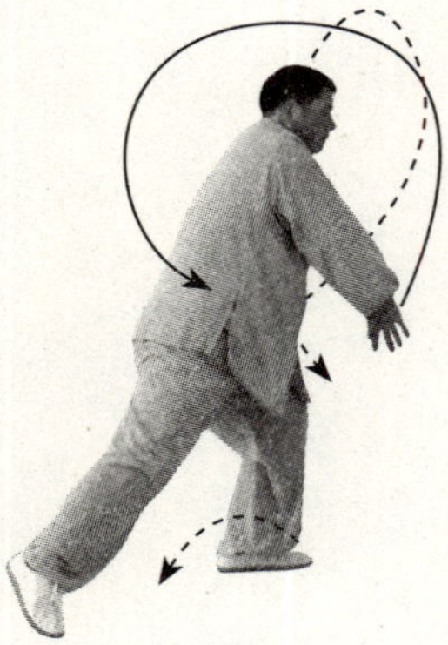

图8-224

图8-225

第五十六式　海底针

动作与第二十四式“海底针”相同。（图8-226 ~ 图8-229）

图8-226

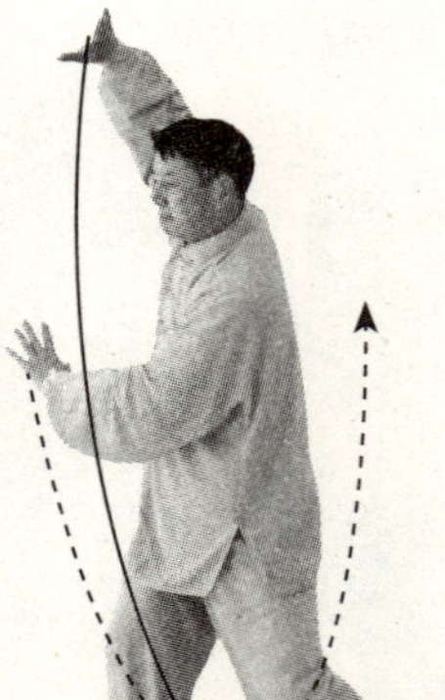

图8-227

图8-228

图8-229

第五十七式　闪通背

动作与第二十五式"闪通背"相同。（图8-230～图8-234）

图8-230

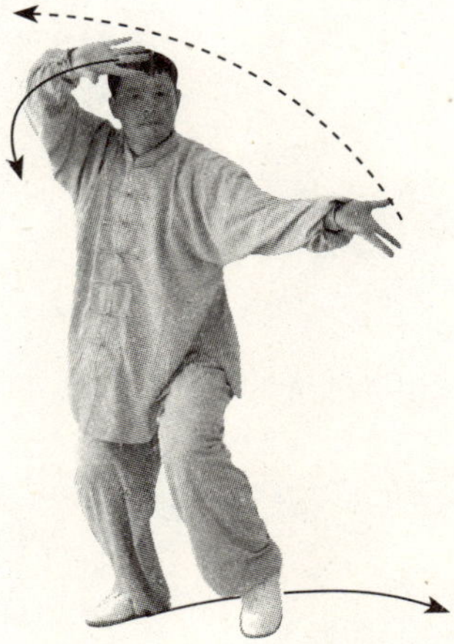

图8-231

图8-232

图8-233

图8-234

第五十八式　单鞭

动作与第四式“单鞭”相同。（图8-235～图8-238）

图8-235

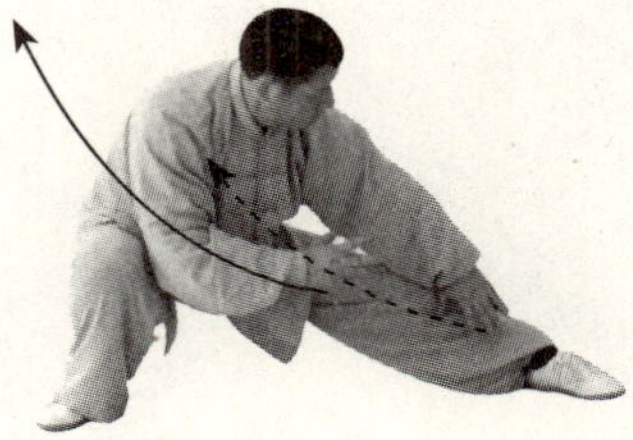

图8-236

图8-237

图8-238

第五十九式　云手

动作与第二十七式“云手”相同。（图8-239、图8-240）

图8-239

图8-240

第六十式　侧身高探马

动作一：继续云手动作，当身体向左转时，左脚随之向身体前方上一步。（图8-241）

其余动作与第二十八式“高探马”相同，唯方向向南。（图8-242、图8-243）

图8-241

图8-242

图8-243

第六十一式　单摆莲

动作一：左脚向前上一步；两手左下右上，再左上右下划圆交叉于胸前。（图8-244、图8-245）

动作二：右脚向前方由内向外摆踢，左掌击打右脚外侧。（图8-246）

图8-244

图8-245

图8-246

第六十二式　指裆捶

动作一：右脚向右后方落步，重心右移成右弓马步；两手变拳，右拳上掤至头右上方，左拳落于左胯处。（图8-247）

动作二：重心前移成左弓马步；右拳逆缠于裆前，左手上掤于胸前。（图8-248）

图8-247

图8-248

第六十三式　金刚捣碓

动作一：重心右移，身体下蹲成左仆步；右拳变掌，两手左下右上划圆，左手至左膝处，右手至右上方。（图8-249）

其余动作与第一式“金刚捣碓”动作五、动作六相同。（图8-250～图8-252）

图8-249

图8-250

图8-251

图8-252

第六十四式　懒扎衣

动作与第二式“懒扎衣”相同。（图8-253 ~ 图8-257）

图8-253

图8-254

图8-255

图8-256

图8-257

第六十五式　右扎七星

动作一：身体后抽，右脚跟着地；右手随身回抽，以肘尖顶于肋处，左手上掤于额前。（图8–258、图8–259）

动作二：重心右移，右腿踏实；右手变拳向右前方击出，随即收于胸前，左手也收于胸前；同时，右腿屈膝提起，左腿独立。（图8–260、图8–261）

图8–258

图8–259

图8–260

图8–261

动作三：右脚向右前方上一步，左脚跟进半步，成高马步；右拳变掌，两手向前方推击。（图8–262）

图8–262

第六十六式　沉肘束肋

动作：身体稍左转；两肘从后上方向胸前划弧，然后向下沉击；身体随之下落成马步。（图8–263、图8–264）

图8–263

图8–264

第六十七式　翻身指裆捶

动作：左腿屈膝提起，身体左转180°，震左脚，右脚后退一步，成左弓马步；右拳上翻过头顶，经胸前落于裆前，左拳落于左胯外侧。（图8-265、图8-266）

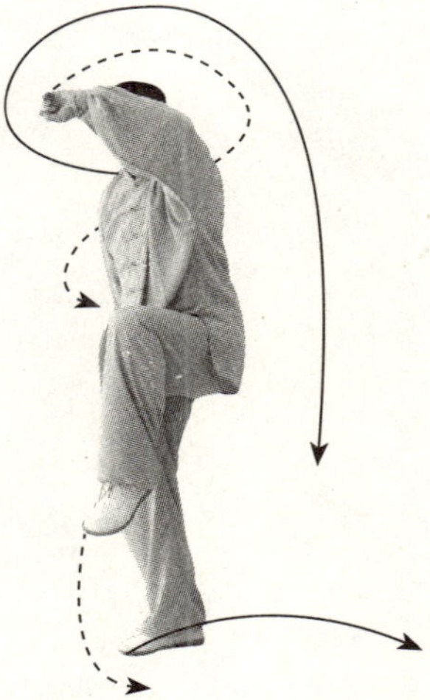

图8-265

图8-266

第六十八式　单鞭

动作一：两手顺时针向上再向右旋转；两腿由左弓马步变成右弓马步。（图8-267、图8-268）

动作二：两手继续顺时针向下再向右旋转至右膝处，两腿由右弓马步变成左弓马步。然后身体右转，上左步成左丁步；两手向右前方挤按推出。（图8-269、图8-270）

其余动作与第四式“单鞭”相同，唯方向相反。（图8-271 ~ 图8-274）

图8-267

图8-268

图8-269

图8-270

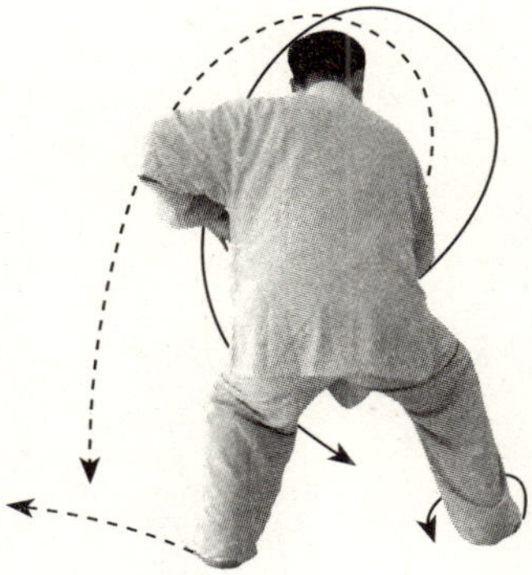

图8-271

图8-272

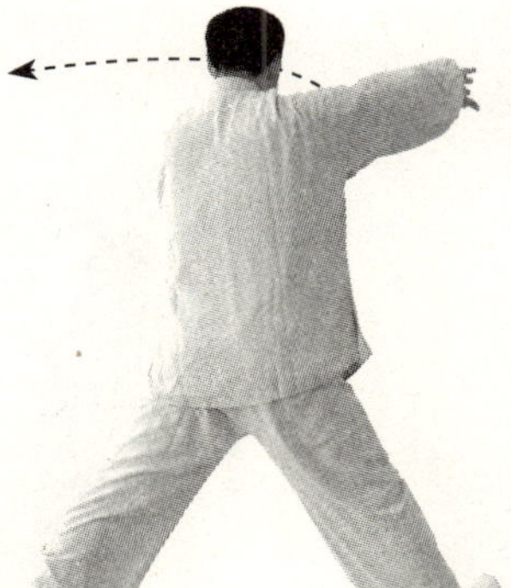

图8-273

图8-274

第六十九式　左扎七星

动作一：身体后抽，左脚跟着地，脚尖翘起；左手随身回抽，以肘尖顶于肋处，右手上掤于额前。（图8-275、图8-276）

动作二：重心左移，踏实左脚；左手变拳向左前方击出。随即收于胸前，右手也收于胸前；左腿屈膝提起，右腿独立。（图8-277、图8-278）

图8-275

图8-276

图8-277

图8-278

动作三：左脚向左前方上一步，右脚跟进半步，成高马步；两手向前方推击。（图8-279）

图8-279

第七十式　跨虎

动作一：身体稍右转，两肘从后上方向胸前划弧；然后向下沉落，身体随之下落成马步。（图8-280、图8-281）

图8-280

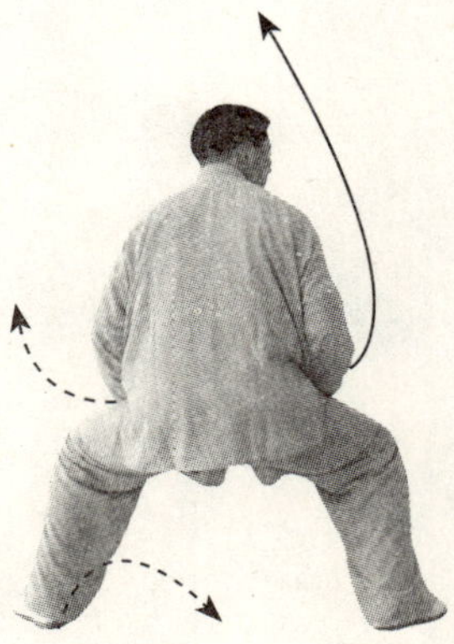

图8-281

动作二：左脚向前迈半步，以脚尖点地成左虚步；右手上翻架于额前，左手变勾手置于背后。（图8-282）

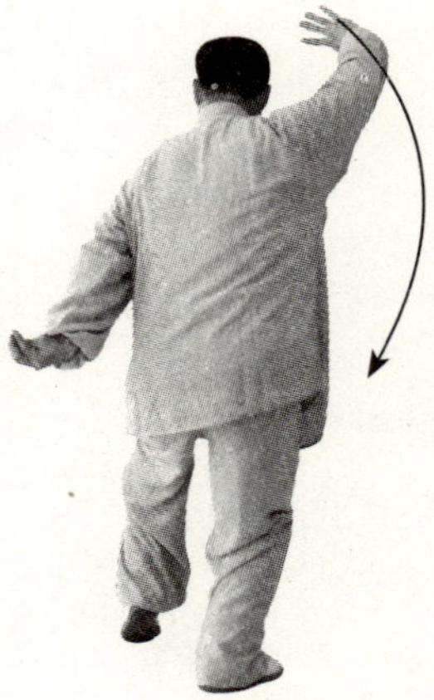

图8-282

第七十一式　转身双摆莲

动作一：身体右转180° 成左弓马步；两手左上右下先交叉于胸前，再分开按于两膝处，面向西南。（图8-283 ~ 图8-285）

动作二：右腿向左上方由内向外摆踢，两手从右向左击打右脚外侧。（图8-286）

图8-283

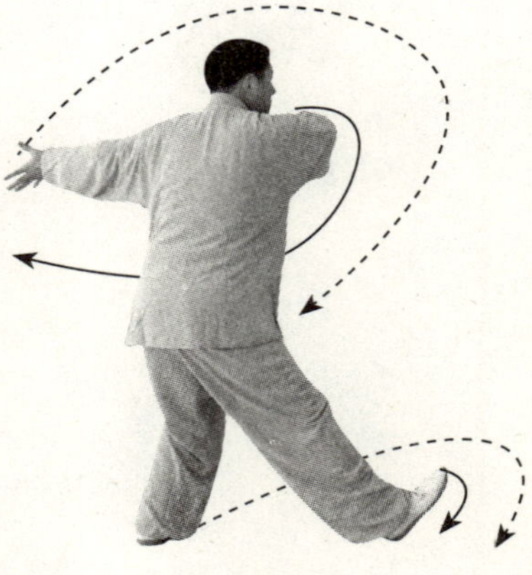

图8-284

图8-285

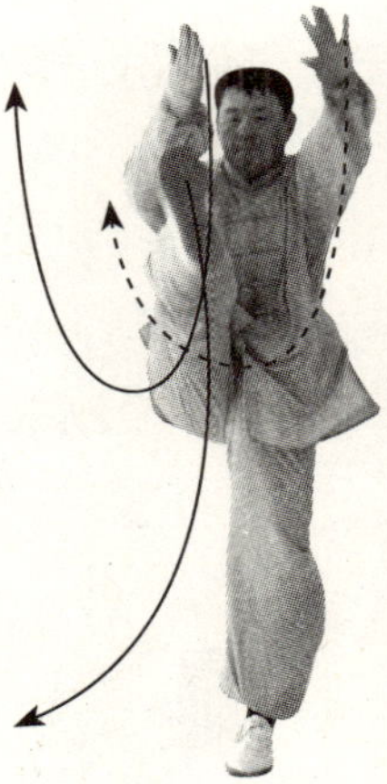
图8-286

动作三：右脚向后落步成左弓马步；两手变拳，在胸前逆时针前后转一圈，左拳屈肘收于胸前，拳心向上；右拳屈肘横架于额前，拳心向内。（图8-287）

图8-287

第七十二式　金刚捣碓

动作一：重心左移，两拳向前掤挤；随后变掌，左逆右顺划弧交于胸前。（图8–288、图8–289）

其余动作与第一式“金刚捣碓”动作五、动作六相同。（图8–290 ~ 图8–292）

图8–288

图8–289

图8–290

图8–291

图8–292

收势

动作：右脚向后退一步，左脚也退一步并于右脚左侧；两手从后向上，经身体两侧划弧，过额前经胸前下落于胯两侧，面向正南。（图8-293、图8-294）

图8-293

图8-294

要领：动作结束后，缓缓向外呼气，使身心完全平静，重心归于无声无息的无极状态。

（本节“衩拖架”动作图解部分约12万字由裴彩利教授完成，特此说明）

参考文献

［1］李坤承，程高芳. 腾挪太极拳［M］. 大众文艺出版社，2014.

［2］严双军，等. 神秀焦作·太极拳卷［M］. 开封：河南大学出版社，2011.

［3］林泉宝，张长林，张顺林. 赵堡太极拳李作治脉系拳法阐秘［J］. 武当，2006（10）.

图书在版编目(CIP)数据

腾挪太极拳典藏 / 申国卿，裴彩利，程高芳著.
- 北京：人民体育出版社，2017
ISBN 978-7-5009-5305-0

Ⅰ.①腾… Ⅱ.①申… ②裴… ③程… Ⅲ.①太极拳-基本知识 Ⅳ.①G852.11

中国版本图书馆 CIP 数据核字（2017）第 315990 号

*

人民体育出版社出版发行
三河兴达印务有限公司印刷
新　华　书　店　经　销

*

787×960　16 开本　11.5 印张　250 千字
2017 年 12 月第 1 版　2017 年 12 月第 1 次印刷

*

ISBN 978-7-5009-5305-0
定价:35.00 元

社址：北京市东城区体育馆路 8 号（天坛公园东门）
电话：67151482（发行部）　邮编：100061
传真：67151483　邮购：67118491
网址：www.sportspublish.cn
（购买本社图书，如遇有缺损页可与邮购部联系）